Alberta Rommel · Die Zauberin aus Venedig

Alberta Rommel

Die Zauberin aus Venedig

Bianca Cappello und die Medici

Biographischer Roman

Stieglitz Verlag, E. Händle
D-7130 Mühlacker
A-8952 Irdning/Steiermark

Schutzumschlagentwurf: Wolfgang M. Dehm, Leonberg

ISBN 3-7987-0278-0

Druck: Karl Elser Druck GmbH, Mühlacker

Vorspiel

Es war an einem schönen Morgen im Frühling des Jahres 1563. Aus dem Portal des Palazzo Cappello in Venedig schritten, als die Glocken von Sant' Apollinare zur Messe läuteten, zwei in dunkle Gewänder gekleidete Damen auf die schmale Gasse hinaus, die am Kanal von Sant' Aponal entlang führte. Sie trugen schwarze Schleier über den Haaren und gingen mit gemessenen Schritten auf die Brücke zu, voraus die jüngere, schöner Gewandete, die ältere, die klein und dicklich war, folgte ihr. Jedermann konnte erkennen, daß hier eine junge Tochter aus vornehmem Hause mit ihrer Duenna zur Kirche ging, mit der Hüterin ihrer Sittsamkeit, die aber einen Schritt zurückbleiben mußte, da sie die Untergebene war.

Bianca Cappello war siebzehn Jahre alt, ein wohlerzogenes und wohlbehütetes Mädchen aus einem Geschlecht, das der Signoria von Venedig schon manchen gewichtigen Dienst geleistet hatte. Der Vater schmiedete schon seit einiger Zeit Heiratspläne für sie, aber bisher war noch kein Freier in Sicht gekommen, der seinen Ansprüchen genügt hätte. Bianca sah den Vater selten, noch seltener ihren älteren Bruder Vittorio, der in Padua studierte. Sie bekam überhaupt nur wenige Menschen zu Gesicht – außer der Duenna Mona Chiara, ihrem alten Lehrer und dem Gesinde. Das Haus durfte sie nur verlassen, um zur Kirche zu gehen, und da es ihr sehr ums Ausgehen zu tun war, spielte sie die Fromme und besuchte zweimal des Tages die Messe in Sant' Apollinare.

Ein unverheiratetes Mädchen hatte auf der Straße die Augen niederzuschlagen, Bianca tat das nicht, sie hielt das hübsche, rosige, noch kindliche Gesicht erhoben, so daß jedermann den Erlebnishunger in ihren Augen lesen konnte. Und sie hatte Carino mitgenommen. Carino war ein sehr kleiner Hund, weiß mit einem stumpfen Schnäuzchen. Biancas Mutter war bei ihrer Geburt gestorben, Messer Bartolommeo Cappello hatte sich nicht mehr verheiratet. Carino und Mona Chiara waren die einzigen Wesen auf dieser Welt, von denen Bianca Liebe empfing und denen sie Liebe geben konnte. Darum wollte sie sich nie von ihnen trennen, beide mußten auch mit ihr zur Messe gehen.

Sie trug Carino in ihren Armen. Aber er war heute unruhig und zappelte immer wieder ein wenig und jaulte auch wohl leise und strebte sogar von Biancas Arm zu Boden. Sie senkte ihre Nasenspitze auf ihn hinab, „was hast du denn, Carinaccio? Was willst du? Sei doch brav, Dummer. Wir gehen in die Kirche, sonst geschieht gar nichts."

Sie erreichten den Ponte storio, die kleine Brücke, die über den Kanal führte. Gerade als die beiden Damen den Palazzo Cappello verließen, war aus dem großen Bankhaus der Salviati, der Brücke schräg gegenüber, ein junger Mann getreten. Er erreichte die Brücke in dem Augenblick, als Bianca und Mona Chiara sie auf der anderen Seite betraten. Bianca sah ihn und dachte: ‚Ein hübscher Mensch: Hoffentlich sieht er mich an.' Hübschen jungen Männern zu begegnen, war ihr größtes Vergnügen. Sie streifte schnell den Schleier ein wenig von ihrem Haar zurück, der junge Mann sollte sehen, daß es blond war, denn sie wußte, Männer liebten blondes Haar bei einer Frau.

Die Bewegung hatte Carino wieder unruhig gemacht. Und als der junge Mann sich näherte, schien er es plötzlich mit der Angst zu bekommen. Er zappelte und blaffte, Bianca aber, die Augen auf den jungen Mann geheftet, beachtete das nicht. Da zappelte Carino nochmals so heftig, daß er ihrem Arm entglitt und über die zierliche Brüstung der Brücke hinab ins Wasser fiel, das unten kräftig aufsprühte.

Bianca schrie auf. „Carino! Gran Dio, Carino!" Sie beugte sich über das Geländer. Auch die Duenna stürzte herzu.

„O, der Arme! O, er ertrinkt!" Bianca schluchzte auf. Mit ihren tränengefüllten Augen sah sie hilfesuchend den hübschen jungen Mann an, der jetzt dicht bei ihr stand.

Auch er schaute forschend, abschätzend auf sie. Er sah das goldblonde Haar, das feine erregte Gesichtchen, die kostbare Kleidung, das diamantenbesetzte Kreuz am Hals des Mädchens, verneigte sich, lächelte, warf seinen kurzen, schönbestickten

Mantel in den Staub und sprang mit einem leichten Satz über das Geländer in den Kanal hinab.

Wieder schrie Bianca. „O, Ihr lieben Heiligen!" Aber jetzt leuchteten ihre Augen auf. Sie sah, wie der junge Mann, in dem dunklen, schmutzigen Wasser stehend, den kleinen Hund packte, wie er ihn an sich drückte und mit ihm das jenseitige Ufer des Kanals erreichte und über die Kaimauer emporkletterte.

„Carino ist gerettet!" rief Bianca. „Und dieser Herr ist ein Held", setzte sie flüsternd hinzu, „nicht wahr, Chiara, er ist ein Held?"

Chiara lächelte. Sie liebte Bianca wie eine eigene Tochter. Sie bemitleidete sie, das arme, eingesperrte Vögelchen, das doch seine Schwingen zu regen wünschte. Sie gönnte ihr von Herzen das kleine, aufregende Abenteuer. „Ja", sagte sie, „Ja, er ist wahrhaftig ein Held und ein Kavalier, wie man ihn sich besser nicht wünschen könnte."

Bianca lief dem jungen Mann entgegen. Er legte ihr das japsende Hündchen in die Arme. „Bitte sehr, Signorina."

„Ach, ich danke Euch, ich danke Euch so sehr." Sie strahlte ihn an, sie hatte noch Tränen in den Augen, aber sie lachte vor Freude. „Ihr seid so mutig. Ihr habt mir einen so großen Dienst geleistet..."

Das Wasser troff nur so an ihm herab, aber das tat der Eleganz seiner Erscheinung kaum Abbruch und schon gar nicht der Anmut, mit der er sich aufs neue verneigte. „Es war mir ein ausgesprochenes Vergnügen. Um Euch zu dienen, schönste Signorina, würde ich weit schlimmere Wagnisse auf mich nehmen."

Es war nicht mehr als eine galante Formel, aber Bianca trank die Worte förmlich in sich ein. Zum ersten Mal in ihrem Leben hatte ein Mann sie schön genannt.

In dem Blick, mit dem sie ihn ansah, stand mehr als ihr bewußt war. Er dachte: ‚Sie ist tatsächlich schön.' „Diese Beziehung müssen wir aufrechterhalten, mein Lieber", sagte er lautlos zu sich selbst. „Da könnte unter Umständen etwas herausspringen, das wir nicht versäumen sollten. Kam sie nicht aus dem Palazzo Cappello?"

Kirchgänger eilten an ihnen vorüber. Sie warfen verwunderte Blicke auf den patschnassen jungen Mann, aber sie hielten sich nicht auf, denn die Glocken von Sant' Apollinare hatten längst ausgeläutet.

Mona Chiara trat zu den beiden, die einander noch immer wie verzaubert anblickten. „Bianca, Liebchen, wir müssen uns eilen." Sie knickste vor dem jungen Mann. „Habt vielen Dank, edler Herr. Nicht jeder hätte getan, was Ihr tatet."

Er wandte ihr das bräunliche Gesicht mit den glänzend dunklen Augen zu. Eine braune Locke fiel ihm unter dem roten Barett hervor in die Stirn.

„Aber Madonna, es bedeutet nichts. Ein kühles Bad, ich liebe das."

„Lebet wohl", Mona Chiara drängte weiter.

„Vielen Dank", rief Bianca nochmals, dann gingen die Damen der Kirche zu. Bianca drückte das Hündchen an sich. „Ach, Carino, Carino, wie klug war das doch von dir – daß du über die Brücke gepurzelt bist, wie klug!“

Als die Damen nach der Messe die Kirche verließen, stand am Portal ein junger Mann mit rotem Barett und prächtigem purpurrotem Wams. Er verneigte sich, daß der goldbestickte Mantel flog und die dunkle Locke tief in die Stirn fiel. – ‚Ach, er hat sich umgezogen‘, dachte Bianca begeistert, ‚jetzt ist er noch schöner als zuvor.‘ Und dann: ‚Ich hätte nicht gedacht, daß ich ihn so bald schon wiedersehen würde.‘

Sie wußte, daß sie als wohlerzogenes Mädchen Zurückhaltung üben mußte. So neigte sie nur den Kopf und schritt anmutig vorüber.

Mona Chiara ging hinter ihr. Sie hatte einen bedeutungsvollen Blick des jungen Mannes aufgefangen und hielt im Gehen unauffällig die Hand auf. Ein zusammengefaltetes Stückchen Papier glitt hinein.

Daheim im Palazzo Cappello in Biancas Zimmer wies sie das Briefchen vor. Bianca stürzte sich geradezu darauf. Sie riß es der mütterlichen Freundin aus der Hand. „Laß sehen, laß sehen.“

Sie lasen gemeinsam. „Der holden Bianca meinen untertänigsten Gruß. Der kaum wagt, den Saum ihres Gewandes zu küssen, erfrecht sich, ihr zu sagen, daß sie schön ist wie der glänzendste Stern am Himmel. Ich lege ihr meine Anbetung zu Füßen. P.“

„P! Nur P.“, rief Bianca. „Sonst kein Name? O, Chiara, Liebe, du mußt dich erkundigen. Ganz vorsichtig, niemand darf etwas merken...“

Venedig mit Canal Grande

„Wenn mich nicht alles täuscht, kam er aus dem Palast der Salviati. Die sind eins der größten Geschlechter von Florenz, verwandt und verschwägert mit dem Herrschergeschlecht dort... Bankherren."

„Ein Salviati könnte um mich werben, nicht wahr?" Bianca war ganz atemlos vor Erregung.

„Er könnte. Aber..." Die Duenna fühlte sich nun doch verpflichtet zu warnen. „Männerworten, wenn sie noch so schön klingen, sollte man nicht zuviel Gewicht beilegen."

„Sei still. Ich weiß, er meint es ernst. Er sah mich so lieb an..."

„Ihr wißt, daß Euer Herr Vater..."

„Wenn mein Vater ‚nein' sagt, laufe ich ihm einfach davon", rief sie feurig.

„Nicht so laut, um Gottes Willen, nicht so laut, Signorina."

Bianca hörte nicht. Sie hielt wieder das Briefchen in der Hand. „P? Was bedeutet P? Ponzio e Pilato?" Sie tanzte im Zimmer umher und sang: „Ponzio e Pilato è il mio amato! Bin ich nicht eine Dichterin, Chiara?" Und dann nahm sie wieder den kleinen Carino, der teilnahmslos vor dem Kamin lag, in ihre Arme: „Carino, freust du dich? Ich habe mich verliebt. Endlich ist es geschehen. Ich bin glücklich, glücklich... Ich habe mich verliebt!"

I

Die Flucht

Die Nacht war mondlos. Jenseits des Kanals, vor dem Palazzo Salviati, brannte eine Laterne, im Nebel war ihr Schein nur ein roter, verschwommener Fleck, der sich matt im Wasser spiegelte.

Bianca stand am Eingang der kleinen Gasse dicht neben dem Palazzo Cappello. Sie drückte sich zitternd an die Hauswand und zog den schwarzen Mantel, der sie ganz einhüllte, noch enger um die Schultern. Es war November, und ein kalter Wind trieb Nebelschwaden durch die Gassen Venedigs. Dunst stieg von den Kanälen auf. ‚Es riecht nach Tod und Leichen', dachte Bianca.

Piero hatte gesagt, er werde um Mitternacht mit der Gondel am Ponte storio sein. Jetzt war Mitternacht längst vorüber und kein Ruderschlag ließ sich hören. War er aufgehalten worden? Durch irgend etwas, das ihrem Vorhaben im Wege stand? Aber dann hätte er eine Botschaft gesandt. Sie zitterte nicht nur vor Kälte, sondern auch vor Angst. Der Vater war heute auswärts – er war nach Aquileja gereist zu seinem Schwager, dem Patriarchen. Darum hatten sie und Piero diese Nacht gewählt. Und weil kein Mond schien. Piero hatte gesagt, an der großen Brücke stände keine Wache, und der

Zöllner in Mestre sei sein Freund. Aber in diesem Augenblick, da das Warten für Bianca unerträglich wurde, glaubte sie nicht mehr an Pieros Worte. Er hatte oftmals etwas versprochen und dieses Versprechen dann doch nicht gehalten. Erst hatte er gesagt, er werde bei ihrem Vater um sie werben, dann aber erklärt, er sei zwar ein Salviati, aber nur ein dritter Sohn und wisse mit Sicherheit, Messer Cappello werde ihn abweisen. Das allerdings schien Bianca nur zu wahrscheinlich, sie mußte dem Freund recht geben. Sie hatte erfahren, daß ihr Vater nun ernsthafte Heiratsverhandlungen mit den Contarini angeknüpft hatte und daß der Patriarch ihn dabei unterstützte. So wie sie ihn kannte, würde er nie, niemals von einem einmal gefaßten Plan abgehen. Ein Hervortreten Pieros würde nur ihrer beider Liebe und Glück gefährden. Und jetzt – Bianca schauderte zusammen – jetzt durfte er sowieso nichts erfahren, gar nichts, es wäre entsetzlich, wenn er erführe...

Als Bianca Piero gesagt hatte, daß sie ein Kind erwarte – „es ist so, ich weiß es, Chiara kennt sich da aus" – da war er fluchend aufgesprungen. „Das hat uns gefehlt. Verdammt noch einmal!" und hatte den Tisch, an dem er gesessen hatte, so heftig zurückgestoßen, daß die Weinkanne umfiel und der rote Saft wie Blut über den Boden floß. Bianca hatte geweint, und schließlich hatte er sie dann doch in den Arm genommen und gesagt, er freue sich ja auch, aber das verderbe eben alles und er wisse nicht, was sie jetzt tun sollten.

„Miteinander davonlaufen, was sonst?" hatte sie geantwortet. Sie war es gewesen, die schon zuvor zur Flucht gedrängt hatte. Hinaus, endlich hinaus aus dem kalten, öden Haus, dem Gefängnis ihrer Kindheit, die Angst vor dem Vater loswerden, vor seinem harten, bösen Blick, der ihr oft einen Schauder über den ganzen Körper gejagt hatte. Er hatte sie manchmal geschlagen, und sie haßte ihn ebenso sehr wie sie ihn fürchtete. Immer wenn sie bei Nacht aus dem Hinterpförtchen, das Chiara und die Zofe Nina offen hielten, ins Nachbarhaus hinüberschlüpfte, in dem Piero eine kleine Wohnung gemietet hatte, war ihr kalt vor Angst gewesen, der Vater könne etwas merken und sein Strafgericht werde über sie hereinbrechen.

Fort, nur fort! Hinausziehen in die weite Welt, zusammen mit dem, den sie wie eine Rasende liebte. Sie wollte Chiara mitnehmen, aber Piero hatte gesagt, er könne nicht noch ein zweites Frauenzimmer durch alle die Gefahren, die in der Fremde auf sie lauerten, hindurch schleppen.

Carino war gestorben, er hatte seit dem Bad im Kanal gekränkelt. Bianca hatte ein wenig geweint, sich dann aber schnell getröstet. Ihre Liebe zu Piero erfüllte sie so sehr, daß sie für wenig anderes mehr Sinn hatte.

Chiara stand neben ihr, auch sie an die Hauswand gepreßt. „Chiara, warum kommt er nicht? Was kann nur geschehen sein? Es wird hell werden, man wird uns entdecken..."

„Im November wird es nicht so schnell hell, Schätzchen."

Bianca hörte Tränen in Chiaras Stimme. Sie drängte sich eng an sie. „Nicht weinen, Chiara. Ach, daß ich dich hier lassen muß! Du bist wie eine Mutter zu mir gewesen. Der einzige Mensch, der einzige. Ich wäre hier gestorben ohne dich."

„Du wirst jetzt eine andere Mutter bekommen, Carissima."

„O ja." Bianca atmete auf. „Ja, das werde ich." Piero hatte oftmals von seiner Mutter gesprochen, die daheim in Florenz im prächtigen Palazzo Salviati saß und sich nach dem Sohn sehnte. „Sie wird auch mich gern haben, nicht wahr?" – „Ohne allen Zweifel, sie wird dich lieben und froh sein, wenn du ihr Gesellschaft leistest."

Die Zofe Nina, die das Gepäck heruntergebracht hatte, lugte von Zeit zu Zeit aus dem Hinterpförtchen, denn auch sie verging fast vor Sorge. Sie war treu wie Gold und darum schon seit Monaten in Biancas Geheimnis eingeweiht. Aber Bianca verwies ihr das Herausspähen. „Die Türe knarrt. Nein. Nina, bleib, wo du bist."

Die Ballen und Kisten, die Bianca mitnehmen würde, standen im Schatten des Torwegs aufgestapelt. Das Säckchen mit den Juwelen trug sie auf der Brust. Pieros Anweisung war gut und genau gewesen, es hatte ihr wenig Mühe gemacht, des Vaters Schatulle zu öffnen, als im Hause alles schlief. Sie hatte es ohne Gewissensbisse getan. Die Juwelen, die Ringe, Ketten, Anhänger waren ihr persönliches Eigentum, ihr Erbteil von ihrer Mutter her, sie hätte sie doch bei ihrer Heirat erhalten. Und war sie nun nicht so gut wie verheiratet?

Der Wind blies kräftiger die Gasse herab. Totenstill war Venedig um diese Stunde, man hörte das leiseste Plätschern des Wassers gegen die Mauern, wenn der Wind kleine Wellen aufwarf. Dann aber kam ganz fernher der leise Hall einer Stimme – „Ha – o", der Ruf, den die Gondolieri an den Biegungen der Kanäle ausstießen, um Zusammenstöße mit anderen Gondeln zu vermeiden. War das die Gondel, die Piero gemietet hatte? Aber welche Dummheit, zu rufen, jetzt, wo niemand auf den Kanälen fuhr. Konnte diese Stimme in der Nacht nicht alles verraten? Atemlos warteten die Frauen. Die Gondel kam. Der Schein ihrer kleinen Buglaterne glitt lautlos heran. Bianca wollte schon vortreten, aber das Licht glitt vorüber, weiter, ein paar Ruderschläge, kaum hörbar, dann verschwand der kleine Funke. „Ha – o", der Ruf verhallte geisterhaft in einem der Nebenkanäle. Ein Fahrgast, der spät heimfuhr – ein Gondoliere, der aus Gewohnheit den Warnruf ausstieß, nichts weiter...

Die Enttäuschung weckte Zorn in Bianca. Sie besann sich auf die Flüche, die Piero zu verwenden pflegte und zerdrückte sie murmelnd zwischen den Lippen. „Setz dich doch auf die Ballen, Kind", flüsterte Chiara, „immer stehen, das ist nicht gut für...

„Still!" Bianca horchte angespannt. Da war wieder ein Geräusch in der Ferne, kein Ruf, kein Ruderplätschern jetzt, sondern Schritte, hart und klirrend.

„Die Wache. Ins Haus!" Bianca riß die kleine Tür auf, sie und Chiara drängten sich in das finstere

Innere des Kellergeschosses. Sie lauschten an der Tür. Wenn die Stadtwache die aufgestapelten Gepäckstücke fand ... Die klirrenden Tritte kamen näher, Gott sei Dank, auch sie gingen vorbei, Schritt um Schritt die Gasse am Kanal entlang, auch sie erstarben schließlich in der Stille.

„Piero hat gesagt, die Wache werde heute nicht in diesem Stadtviertel patrouillieren, dieser Narr, dieser Lügner! Chiara, Chiara, er wird gar nicht kommen, er hat Angst. Mein Vater aber wird mich totschlagen, wenn er das mit dem Kind merkt ..."

„Ruhig, Täubchen, ruhig. Er wird kommen. Er hat dich zu lieb, er läßt nicht von dir."

Und auf einmal war er wirklich da. Ein stärkeres Plätschern an dem kleinen Steg, der zum Palazzo gehörte, der Schatten eines langgestreckten Bootsleibes. Ein Flüstern: „Wo steckt ihr? Schnell, Bianca, ins Boot und kein Laut, verstanden?"

Bianca war schon auf dem Steg. Ungeheuere Erleichterung erfüllte sie, aber auch immer noch Zorn. „Warum kommst du so spät?" zischte sie.

„Keine Szenen jetzt, das ist nicht der Augenblick dazu." Er riß sie förmlich ins Boot herab. „Eil dich doch." Dann aber fühlte sie seine Arme, die sie fest umschlangen. „Jetzt raube ich dich, meine Beute." Er küßte sie.

Sie lehnte sich an ihn. „Wenn du nur da bist, wenn du nur da bist!"

Er riß sich hoch. „Das Gepäck herein, schnell!" Der Gondoliere griff mit zu, die Ballen und Kisten wurden im Boot verstaut.

Mona Chiara stand auf dem Steg. Sie weinte. „Mein Schätzchen, mein Täubchen, leb wohl, werde glücklich, mein Segen begleitet euch." Sie beugte sich tief herab und wisperte: „Messer Salviati, Euch vertraue ich sie an. Aber heiratet – bald. Damit Euer Kind nicht..."

„In Bologna, alles ist vorbereitet", unterbrach sie Piero ungeduldig. „Zurück, Mona Chiara! Vorwärts, Beppo!"

Die Gondel löste sich vom Steg. Das Ruder tauchte so sachte ins Wasser, daß man kaum ein leises Rauschen hörte. Mona Chiaras Schluchzen blieb zurück. „Chiara, leb wohl, leb wohl." Sie konnte es nicht mehr hören.

Auch Bianca hatte geweint, aber die Tränen versiegten schnell. Sie saß in Pieros Arm zurückgelehnt und starrte in das Nebeldunkel, durch das sie glitten, ohne daß begrenzende Mauern sichtbar wurden. ‚Es ist, als schwebe die Gondel im Nichts – als führen wir ins Totenreich', dachte Bianca.

Sie flüsterte nach einer kurzen Weile: „Wie er nur seinen Weg findet, wir haben noch nirgends angestoßen."

„Beppo ist ein gewitzter Bursche. Er kennt alle Ecken und Winkel, auch alle Schliche und heimlichen Durchgänge – ich bin froh, daß ich ihn gewinnen konnte. Billig ist er allerdings nicht..."

Sie griff mit der Hand an die Stelle, wo unterm Brusttuch das Säckchen mit den Juwelen hing. „Wir sind reich genug, Piero mio."

„Wir wären nicht auf deinen Reichtum angewiesen, mein Lieb, wäre der Wechsel, den mein Vater mir allmonatlich schickt, nicht ausgerechnet diesmal ausgeblieben, ich versteh's nicht, rätselhaft... Sacramento, ein schlimmer Zufall..."

„Tut nichts, wir haben, was wir brauchen, um nach Florenz zu kommen." Sie schwieg, dann sagte sie plötzlich: „Piero, die Wache kam doch bei uns vorbei. Wir dachten schon..."

„Jetzt ist sie weit. Beppo weiß da Bescheid."

„Und die Zöllner?"

„Hast du Angst, mein mutiges Mädchen? Du warst es, die fliehen wollte..."

„Ich habe keine Angst", sie stieß es hervor. „Ich doch nicht..." Sie blickte geradeaus in das dunkle Nichts und ballte die Faust. ‚Ich will keine Angst haben, ich will nicht', dachte sie und preßte die Zähne zusammen. ‚Ich bin bei Piero, ich fahre in die Freiheit hinaus, der Palazzo Cappello bleibt zurück – weit, weit...'

Er drückte sie an sich. „Wir müssen nicht am Zoll vorbei, keine Sorge. Beppo weiß, wie man ihn vermeidet."

„Gut. Morgen sind wir auf dem Festland. In Bologna werde ich deine Frau sein."

„Du bist es schon jetzt."

„Ja, ich bin es – für Zeit und Ewigkeit."

Mitten im zerfließenden Dunkel küßten sie sich.

II

Die Heirat

Mit Beppos zuverlässiger Hilfe gelang die Flucht. Sie mieteten in Mestre Pferde, die sie später in einer Poststation zurückließen. Ein Bauernkarren brachte sie zu einem Schlupfwinkel, den Piero ausgekundschaftet hatte, einer Hütte in dem wilden Bergland, wo es kaum Dörfer, nur einsame Höfe gab. Piero hielt es für geraten, daß sie sich eine kurze Zeit hier verbargen. „Dein Vater wird Verfolger aussenden", sagte er. „Und wenn ich mich auch nicht davor fürchten würde, dich mit der Waffe zu verteidigen..."

Darüber lachte sie, denn sie merkte, daß es Großsprecherei war. Sie wußte bereits, daß er gern den starken Mann und Raufhelden spielte. Da sie ihn liebte, gefiel ihr auch das. „Mein Räuberhauptmann", nannte sie ihn manchmal.

Bianca war jung, gesund und kräftig. Es machte ihr nichts aus, unbedient wie eine arme Bauersfrau zu leben. Sie fand es lustig, daß man das Wasser am Bach schöpfen mußte, sie versuchte Brei auf dem offenen Feuer zu kochen, wovon sie nichts verstand, und war stolz, daß es ihr gelang, etwas einigermaßen Eßbares zustande zu bringen. Piero ging auf die Jagd und erlegte sogar einen Rehbock.

Während er fort war, wanderte Bianca im Bauernkleid, ein Kopftuch über den Haaren, das sie halb ins Gesicht herabzog, ins nächste Dorf und erstand im kleinen Wirtshaus gegen gutes Geld einen großen Krug mit Landwein, den sie in ihre Hütte zurückschleppte. Sie wußte, wie gern Piero Wein trank, aber auch, daß er dabei oftmals nicht Maß halten konnte. Doch das störte sie nicht, zumeist machte ihn der Wein weich und zärtlich, und wenn es einmal zu einem Zornausbruch kam, so lachte sie nur, denn seine Wut richtete sich nie gegen sie. Er fluchte und schalt über die stolznackigen Großtuer im allgemeinen und über ihren Vater im besonderen, wobei sie ihm heiter beistimmte. Sie genoß dieses Leben, das so anders war als alles, was sie zuvor kennengelernt hatte. Ihre Schwangerschaft hatte ihr bisher noch keine Beschwerden gemacht, sie hofften, es werde so bleiben.

Es war Piero, der als erster das einfache Leben satt bekam. Er wurde mürrisch und ungeduldig. „Ach was, reisen wir“, sagte er. „Jetzt wird ja der erste Sturm vorüber sein.“

„Gar so schnell wird mein Vater sich nicht beruhigen“, antwortete sie. „Aber er wird sich nicht an die Signoria wenden, dazu ist er zu stolz, er wird die Sache vertuschen und jedermann erzählen, daß er mich zu Verwandten nach Siena geschickt habe. Hoffentlich hat Chiara sich noch in der Nacht davongemacht. Sie hat mir versprochen, gleich zu ihrer Schwester nach Chiusi zu gehen.“ Sie dachte viel an Chiara, sie vermißte sie. Doch tröstete es sie, wenn ihr Piero von der gütigen Herrin erzählte, die in Florenz im Palazzo Salviati mit Liebe und Hoffnung ihre Schwiegertochter erwartete.

„Also – lassen wir sie nicht zu lange warten", sagte Bianca.

So zogen sie weiter. Wieder beförderte der Bauernwagen sie und das Gepäck. Das Ziel war Bologna, wo Piero Freunde besaß, ‚sichere Freunde', wie er sagte, unter ihnen den Priester, der sie beide trauen sollte.

Die Reise ging gut vonstatten. Bianca merkte allerdings, daß Piero noch immer fürchtete, man suche nach ihnen. Oft blickte er zurück, die Straße entlang, die sie gekommen waren, wählte Seitenwege, und in den Klosterherbergen, in denen sie übernachteten, spähte er eifrig umher, ob sich nichts Verdächtiges zeige.

Doch sie erreichten Bologna, ohne daß ihnen etwas Schlimmes zugestoßen wäre. Jetzt waren sie so weit über das Herrschaftsgebiet der Signoria von Venedig hinausgekommen, hier konnten nun wirklich keine Verfolger mehr nach ihnen fahnden. Auch Piero beruhigte sich, er prahlte und lachte, und seine Späße belustigten Bianca ungemein und halfen ihr zu vergessen, daß sie nun doch von ihrer Schwangerschaft geplagt wurde, sich oft übergeben mußte und die Unbilden des Lebens auf den Landstraßen zu hassen begann.

So war sie glücklich, daß sie in Bologna eine Weile würden rasten können. Sie freute sich darauf, wieder einmal ihre schönen Kleider zu tragen, sie hatte die hellsten und farbigsten mitgenommen und die dunklen daheim gelassen. Zur Hochzeit wollte sie sich so schön wie möglich machen. Piero würde staunen.

Ihr Einritt in Bologna auf gemieteten Pferden geschah unauffällig am Abend. Das Haus, in dem Pieros Freund mit den Seinen wohnte, war nicht so prächtig, wie Bianca es sich vorgestellt hatte, und es lag in einer engen Gasse, in der offensichtlich wenig bemittelte, wenn auch respektable Leute wohnten. Piero sagte, er habe diesen Ort gewählt, weil sie hier nicht auffallen würden. Er hatte am Tor einen falschen Namen angegeben und empfahl Bianca, stets Vorsicht zu üben. Sie lachte ihn deswegen aus.

Sie wurden herzlich aufgenommen, aber auch ihr Gastgeber mahnte zur äußersten Zurückhaltung. „Man hört, es habe in Venedig mächtig Lärm eurer Flucht wegen gegeben."

Piero verkaufte zwei der Schmuckstücke aus Biancas Säckchen, mietete eine Zofe für sie und ließ das schönste ihrer Kleider so ändern, daß es ihren Zustand verbarg und ein prächtiges Hochzeitsgewand abgab.

Es war ein heller Morgen im Januar, als sie die kleine Kirche aufsuchten, in der der Priester amtierte, der sie als Mann und Frau zusammengeben wollte. Er hatte sich dazu bereitgefunden, weil er ein Freund von Pieros Freund war, und weil ihm etliche Geldstücke aus Pieros Tasche versprochen worden waren.

Sie legten die dunklen Mäntel, in denen sie über die Straße gegangen waren, im Vorraum ab. Biancas Kleid war lichtgrün, es hatte einen hochgestellten Spitzenkragen und tiefes Décolleté. Auf ihrer zarten, hellen Haut glänzte das Kreuz mit den Diamanten, dazu noch eine Goldkette aus dem mütterlichen Erbe. Ihr Haar, das der Schleier nur halb bedeckte, glänzte in einem hereinfallenden Lichtstrahl auf, als sie und Piero zum Altar gingen.

Er trug das leuchtend rote Wams und den goldbordierten Mantel, in dem er sie damals zum ersten Mal an der Tür von Sant' Apollinare begrüßt hatte. Wieder fiel ihm die Locke in die Stirn, und um seinen hübschen Mund lag das kecke, spitzbübische Lächeln, das sie so liebte. Ich bin glücklich, dachte sie, glücklich, daß ich mit ihm davongelaufen bin, glücklich, daß ich nun vor Gott und den Menschen seine Frau sein werde...

Sie kniete neben ihm, aufmerksam folgte sie dem Gang der Zeremonie.

„Also frage ich dich, Piero de' Buonaventuri, ob du diese ..."

Mehr hörte Bianca nicht. Sie drehte den Kopf zu dem neben ihr knienden Mann, ihre weitgeöffneten Augen starten in sein unbewegtes Gesicht.

Zunächst war nichts als Verwunderung in ihr. Sie begriff nichts. Hatte der Priester sich geirrt, aus Versehen einen falschen Namen genannt? Aber in Pieros Gesicht zuckte kein Muskel, er widersprach nicht, regte sich nicht. Ganz verwirrt, beunruhigt, grübelte sie. Es konnte doch nicht sein...

Ihr eigenes „Ja", tonlos gesprochen, hörte sie selbst nicht. Und nachher ging sie an Pieros Seite wie eine Träumende durch die Kirche.

Pieros Freund und seine Gattin, die einzigen Zeugen der kirchlichen Trauung, beglückwünschten sie im Vorraum. Auch hier fiel, betont, der Name Buonaventuri.

Jetzt aber hatte Bianca begriffen, ihr Blick streifte Piero, der jetzt lachte und heiter tat. Kein Salviati, ein ganz anderer, ein Fremder mit einem fremden Namen. Sie hatte einen fremden Mann geheiratet, von einem Fremden ein Kind empfangen...

Das Hochzeitsmahl, das Pieros Freund mit Pieros Dukaten ausgerichtet hatte – noch einige Schmuckstücke waren zu Gold gemacht worden –, verlief sehr still und ohne festliche Stimmung. Piero aß und trank viel, Bianca wenig. Sie sprach kein Wort. Der Freund versuchte sich in einigen witzigen Redensarten, die wie im luftleeren Raum verhallten. Man tafelte nicht allzu lange.

Und dann saßen die Neuvermählten einander in ihrem Gemach gegenüber. Piero trank Wein, einen Becher um den anderen, ohne zu sprechen. Bianca saß, die Ellbogen auf den Tisch gestützt, das Gesicht in den Händen, und sah ihn unentwegt an. Sie studierte jeden Zug seines Gesichtes, er war es, ja, ihr Piero, da war die Locke, die kecke Nase, der hübsche Mund... Ihr Piero und doch ein anderer...

Schließlich hielt er ihren Blick nicht mehr aus. „Warum starrst du mich so an?“ fragte er heftig. „Ich mag nicht so angestarrt werden, schon gar nicht von meiner angetrauten Frau.“

„Ich muß doch sehen, wie der Mann aussieht, der Messer Piero Buonaventuri, den ich aus Versehen geheiratet habe.“

„Red keinen Unsinn. Ich sage dir, ich...“

„Warum hast du mich belogen?"

„Warum? Nun, du und deine werte Duenna, ihr wolltet doch unbedingt einen Salviati haben. Die Freude mußte ich euch doch lassen." Da sie schwieg, änderte er den Ton: „Bianca, mein Schätzchen, was tut es schon ob Salviati oder Buonaventuri – was liegt daran?"

„Nichts," sagte sie leise. „Durchaus nichts. Mich stört nur, daß du mich die ganze Zeit über belogen hast. Es wäre nicht nötig gewesen, ich wäre auch mit einem Buonaventuri davongelaufen, weißt du."

„Ach, mach keine große Geschichte aus dem kleinen Versteckspiel. Zuerst dacht' ich eben, ihr zwei Frauensleute wolltet partout einen Salviati haben. Nachher wollt ich's dir sagen, aber – wie's so geht..."

„Der Herr Buonaventuri fand den Mut nicht. Übrigens – ein Buonaventuri war, soviel ich hörte, der Leiter jener Bankfiliale der Salviati in Venedig."

„Mein Oheim", knurrte er. „Durch ihn kam ich ins Bankhaus in Venedig."

„Als kleiner Geldzähler?"

Piero überhörte das. Er kehrte zu seinem Sessel zurück und stürzte wieder einen Becher Wein hinunter. „Die Buonaventuri sind überhaupt nicht weniger große Herren als die Salviati, kann ich dir sagen, sie waren sogar einmal adlig, führten einen bedeutenden Namen. Ich habe ihn vergessen, aber – na ja... Als einst das Volk sich erhob und den Adel entmachtete, da paßten sie sich den Popolanen an..."

Sie saß noch immer unbeweglich. Aber sie lächelte jetzt. „Ach so, dem Pöbel. Das Namenwechseln ist also eine alte Gewohnheit deiner Familie."

„Sie ist darum nicht schlechter", brauste er auf.

„Ich glaube es. Ich sage dir ja, ich wäre auch mit einem Buonaventuri davongelaufen – in ein buon aventuro – ins gute Abenteuer, Piero?" Und da er schwieg, sagte sie langsam und leise: „Der mutige Herr, den ich geheiratet habe, bereut bereits dieses Abenteuer mit der kleinen Cappello. Jetzt, da er wie ein Landstreicher mit ihr in der Welt herumziehen muß, immer in Angst vor ihrem grimmigen Vater und den verfolgenden Schergen. Ist's nicht so?"

„Hätte ich dich geheiratet, wenn's so wäre? Ich hätte dich auch irgendwo an der Landstraße sitzen lassen können, denke daran."

„Mit oder ohne Schmuckstücke auf meiner Brust? Und dann wärst du lustig pfeifend nach Venedig zurückgewandert und hättest dich dem Zorn des Herrn Bartolommeo Cappello gestellt, wie?"

Er fluchte vor sich hin. Dann aber beugte er sich vor. „Bianca, du bist gänzlich verändert. Du warst ein liebes kleines Kätzchen, als wir in Venedig in unserem Liebesnest..."

„Ich war ein dummes Kind, das nichts von der Welt wußte. Ich habe gelernt." Sie seufzte. „Ja, ich komme mir jetzt uralt vor."

„Du siehst nicht so aus."

„Ich bin vernünftig geworden, Piero. Ich kann so wenig zurück wie du. Wir sind aneinander gebunden."

„Du trägst mein Kind.“ Er ergriff über den Tisch weg ihre Hände, die mit dem Diamantenkreuz an ihrem Hals spielten, und umfaßte sie.

„Bianca, was ist ein Name?“ wiederholte er. Jetzt bettelten seine Augen.

Sie seufzte wieder. „Ich liebe dich“, sagte sie ernst. Er war ein Lügner, ein Leichtfuß, vielleicht ein Lump, sie wußte es jetzt. Ja, ihr war, sie habe es schon lange gewußt... Aber sie liebte ihn. Sie liebte sein Gesicht, die Glätte seiner bräunlichen Haut, den weichen Schwung seines Haares, sein Lächeln. Sie würde niemals von ihm loskommen, das spürte sie. Was immer er auch tun würde, was geschehen mochte – er hatte damals auf dem Ponte storio, als er ihr Carino in die Arme legte, einen Zauber über sie geworfen; sie war ihm verfallen für Zeit und Ewigkeit. Es ließ sich nicht ändern. „Ich kann nicht anders, ich liebe dich, Gott schütze mich, ich kann nicht anders.“ Und dann lief sie um den Tisch herum und warf sich in seine Arme.

III

Florenz

Sie ließen es sich in Bologna wohl sein. Aber ihr Aufenthalt dort dauerte nicht lange. Eines Tages kam ihr Gastgeber aufgeregt in ihr Zimmer. „Um Gott, ihr müßt fort. Ihr könnt nicht länger hier bleiben. Man wird euch aufspüren – in meinem Hause. Piero, du mußt das einsehen, es geht nicht länger… Ihr müßt fort."

„Warum so plötzlich?" fragte Bianca aufgeschreckt. Piero fluchte nur.

„Ich traf in der Osteria einen Geschäftsfreund aus Venedig. Er sagt, dort sei der Teufel los. Wie es scheint, hat sich Messer Cappello an den Senat gewandt, der Patriarch von Aquileja unterstützt ihn, man hat dich, Piero, in Abwesenheit zum Tode verurteilt. Madonna Bianca soll lebenslang in ein Kloster gesperrt werden…"

„Das ist doch nicht möglich", schrie Bianca auf. Sie hatte Schlimmes erwartet, aber das doch nicht.

„Man sucht in ganz Italien nach euch", fuhr der Freund fort, „die meisten Regierungen der Länder unterstützen die Venezianer, ein Preis von 1000 Gulden ist auf eure Ergreifung und Auslieferung gesetzt worden, der Herr Cappello soll ihn noch aus eigenen Mitteln verdoppelt haben…"

„O mein Vater", flüsterte Bianca mit geballten Fäusten. „Das sieht ihm ähnlich. Oh, wie ich ihn hasse!"

„Schmerzliches ist weiterhin zu berichten, Madonna Bianca: Zwei Mitwisserinnen Eurer Flucht sind verhaftet und zu lebenslangem Gefängnis verurteilt worden..."

Bianca schrie auf. Nun verließ sie der letzte Rest ihrer Beherrschung. „Chiara, Chiara", schluchzte sie. Sie drückte die Hände gegen ihr Gesicht.

„Ja, der Name wurde genannt. Mona Chiara, eine ungetreue Hüterin, und die andere – eine Zofe..."

„Nina, ach Gott, Nina. Die Armen. Ach, ich bin schuld. Chiara, ich bin schuld. Hätten wir sie doch mitgenommen. Du wolltest es nicht, Piero. Warum ist sie nicht sofort abgereist? Sie hatte es mir versprochen. O Chiara, Chiara!" Sie schrie und weinte.

Piero saß vornübergebeugt und wühlte in seinen schönen Haaren. „Sacramento, sacramento", stöhnte er. „Verdammt, dieser alte Cappello. Da habe ich mir eine schöne Suppe eingebrockt. Hätte ich nicht..."

„Hätte hat keine Bedeutung mehr", verwies ihn der Freund. „Wichtig ist jetzt: Ihr müßt fort."

„Wohin?" fragte Bianca. Sie richtete sich auf und wischte sich die Tränen aus den Augen. Sie gewann sehr rasch ihre Beherrschung und Spannkraft zurück: „Wir gehen. Aber wohin?"

„In die Berge. Ich weiß einen Schlupfwinkel für euch. Im Apennin. Eine Hütte nicht sehr weit von Firenzuola, doch so verborgen, daß euch dort niemand suchen wird. Die Bauern der Umgebung werden euch verkaufen, was ihr braucht."

„Gut." Bianca stand schon an der Tür. „Ihr beschreibt uns den Weg. Ich werde gleich packen. Kommst du, Piero?"

„Der Teufel soll's holen, der Teufel soll's holen", schrie Piero und reckte die Arme zum Himmel.

„Ja, der Meinung bin ich auch", sagte sie ruhig. „Aber jetzt ist nicht die Zeit dazu. Du mußt Pferde oder Maultiere besorgen und das da zu Geld machen." Sie reichte ihm zwei Schmuckstücke aus dem sehr mager gewordenen Säckchen.

„Du hast eine vernünftige Frau", sagte der Freund zu Piero.

Bianca wandte sich nochmals um. Ihr Gesicht zeigte keine Tränenspuren mehr. „Wollt Ihr Euch nicht die zweitausend Gulden verdienen, Messere?"

Die Männer starrten sie an. In ihrem lichten Kleid stand sie aufrecht da, das blasse Gesicht erhoben, die schönen Augen groß in stolzer Herausforderung ihrem Gastgeber zugewandt, das Diamantenkreuz funkelte auf der weißen Haut.

„Eine so prachtvolle Frau wie Euch, Madonna, würde ich nicht für zehntausend Gulden verraten", sagte der Freund mit einer Verneigung.

Sie fanden die Hütte und lebten in ihr, so gut und so schlecht, wie es gehen wollte. Es war nicht viel anders als vor zwei Monaten in den Alpen. Doch war es jetzt Frühling. Der Winter war zwar mild gewesen und geblieben, aber es lebte sich doch leichter, wenn man nicht so viel Holz sammeln und durch angeschwollene Bergbäche und aufgeweichte Wege waten mußte. Doch waren dafür hier die Hänge steiler, die Wege, die man gehen mußte, um Milch und Brot zu holen, steiniger und weiter. Piero saß meist in der Hütte und trank von dem roten Landwein, den Bianca unermüdlich für ihn herbeischleppte. Sie schaffte und werkte und ließ sich nie gehen. Die Beschwerden ihrer Schwangerschaft hatten sich weithin verloren, ihr war kaum je mehr übel, die frische Bergluft tat ihr wohl. Freilich machte ihr das Leben in der Hütte jetzt nicht mehr so viel Spaß wie zu Anfang. Es war ein hartes Dasein, und sie sehnte sich nach einer schönen, gepflegten Umgebung, wie sie sie im Palazzo Cappello trotz aller Öde gehabt hatte, nach Bequemlichkeit und Bedientwerden. Doch sie erlaubte es sich nicht, zu jammern und zu klagen, wie Piero das unaufhörlich tat.

Wenn sie sein mißmutiges Gestöhne nicht mehr ertragen konnte, verwies sie es ihm mit strengen Worten. Dann warf er ihr vor, daß sie es sei, um die er dies alles leide. Sie stritten sich heftig und schrien einander an, versöhnten sich dann aber wieder. Meist war es Piero, der schließlich nachgab, weich und zärtlich wurde. Und sie konnte seinem Schmeicheln – „sei gut, bambina mia, sei gut“ –, seinen streichelnden Händen, seiner Wange an der ihren nie widerstehen.

Im Mai regnete es viel. Pieros ärgerliche Ungeduld wurde unerträglich. „Ach was, jetzt wird der Spuk doch vorbei sein“, sagte er. „Wenn die herzogliche Polizei in Florenz überhaupt nach uns gesucht hat, so wird sie es inzwischen müde geworden sein. Was kümmern überhaupt die Florentiner die venezianischen Angelegenheiten? Venedig ist weit..."

„Mein Vater gibt nicht auf, ich kenne ihn doch. Er würde uns bis ans Ende der Welt verfolgen lassen und bis zu seinem Tode nicht ruhen, bis er uns im Grab oder im Kloster weiß", sagte Bianca.

„Unser Haus hat gute Verstecke, in die wir im Notfall kriechen können", erklärte ihr Piero.

Sie gab nach. Ach ja, auch sie wollte gern einmal wieder in Ruhe und Geborgenheit leben können. Pieros Mutter würde für sie sorgen, sie würde wieder eine Zofe haben, morgens lange schlafen können und erlesene Speisen essen. Im Notfall verbarg man sich eben in dem Gelaß hinter dem Kamin... Wer konnte denn wissen, ob ihr die schwere Arbeit nicht doch geschadet hatte? Eine Fehlgeburt hier in der einsamen Hütte? Ihr Kind sollte im Palazzo Buonaventuri zur Welt kommen, nirgends sonst.

Sie machten sich also auf und zogen durch die Bergtäler bis zur Via Bolognese, die bergauf und -ab nach Florenz hinunterführte. Sie hatten zwei Maultiere erstanden, das eine trug das Gepäck, auf dem anderen ritten sie abwechselnd. In ihren verstaubten Bauernkleidern und mit ihren Körben und Ballen wirkten sie wie junge Landleute, die auf den Markt in die Stadt zogen: Niemand, der ihnen begegnete, blickte sich nach ihnen um.

Von Trespiano aus sahen sie Florenz unten im Tal liegen. Mattrot leuchteten die vielen Dächer im abendlichen Licht. Die riesige Kuppel wölbte sich mächtig über das Häusergewirr empor, neben ihr ragte zart schimmernd der Campanile auf. Kirchtürme, wohin man blickte, eine Mauer, die die Stadt schützend umschloß, das grün-graue Band des Arno, dahinter die jenseitigen Höhen, bläulich im Dunst vor dem rötlichen Himmel – es war ein wunderbares Bild.

„Warum hast du mir nicht gesagt, daß Florenz so schön ist?“ fragte Bianca von dem Maultier herunter, auf dem sie jetzt gerade thronte.

„Venedig ist schöner“, knurrte Piero. Er war ärgerlich, es paßte ihm gar nicht, daß er zu Fuß gehen mußte.

Während sie weiterzogen, sagte Bianca nachdenklich: „Es ist seltsam, aber ich kenne Venedig kaum – den Weg zur Kirche, sonst nichts. Ich durfte ja nie ausgehen. Venedig soll schön sein, ja. Aber ich empfinde es gar nicht als Heimat. Jetzt fährt es wie ein Stich der Angst durch meinen ganzen Körper, wenn ich nur das Wort Venedig höre. Hoffentlich sehe ich es nie wieder. Hoffentlich – hoffentlich wird Florenz ...“ Sie zögerte. „... werde ich dort glücklicher sein“, vollendete sie.

Die herzogliche Polizei war sehr genau, was die Registrierung von Fremden betraf. Pieros Geschick im Lügen kam ihnen am Stadttor zugute. Er erzählte eine glaubwürdige Geschichte: Sie kamen aus einem Dorf in den Bergen, Mann und Frau, wollten einem Kaufmann in der Via Strozzi – er nannte den Namen – Waren bringen, die sie auf dem Markt von Pianoro erhandelt hatten. Piero sprach den Dialekt der Leute aus den Bergen geläufig, man glaubte den beiden jungen Leuten mit den sonnverbrannten Gesichtern die Geschichte ohne weiteres und ließ sie durchs Tor in die Stadt einziehen.

Bianca ging jetzt zu Fuß und führte das Maultier, das das Gepäck trug, Piero ritt. Durch enge Gassen zogen sie, die schon der Abend verschattete. Kinder spielten vor den Häusern. Frauen saßen plaudernd auf den Stufen vor den Türen.

Schließlich bog Piero in ein ganz schmales Gäßchen ein, das nur von hohen, glatten Mauern begrenzt war. Hier ging oder saß niemand. Vor einem Pförtchen, das schief in den Angeln hing, hielten sie an. „Wir müssen zur Hintertür hinein", erläuterte Piero, „es darf ja niemand sehen, daß der verlorene Sohn heimkehrt – mit Anhang auch noch." Er lachte, es klang nicht fröhlich.

Bianca war beklommen zumut. Sie erinnerte sich an die Beschreibungen, die Piero ihr damals in Venedig von dem Palast seiner Eltern gegeben hatte: Marmor, Bildwerke, Brunnen im Garten... Sie wußte jetzt nur zu gut, was sie von solchen Reden Pieros zu halten hatte. Wenn nur die Hälfte stimmte...

Durch einen kleinen, gänzlich verwilderten Garten, wo stachlige Ranken nach ihren Kleidern griffen, suchten sie ihren Weg an Schuppen vorüber zu einem Haus, dessen Rückwand in der rasch sinkenden Dämmerung schwarz vor ihnen aufragte.

Piero stieg ab und führte die Maultiere zu einem der recht baufälligen Schuppen, wo er die Körbe und Packen ablud und die Tiere einstellte. Bianca wartete und sah sich um. Trotz der Dunkelheit erkannte sie, daß der Verputz fast ganz von der Wand des Hauses abgefallen war, daß große Risse darin klafften. ‚Ist das nicht eher eine Ruine als ein Haus?' dachte sie.

Piero kam zu ihr und öffnete schweigend die Tür, zu der ein paar geborstene Stufen emporführten. Sie tappten durch einen finsteren Gang, bogen um eine Ecke – Piero schlug mit der Hand gegen die Wand: „Hier ist das Versteck, das Zimmer mit dem Kamin und dem Kämmerchen, von dem ich dir erzählt habe."

Sie nickte stumm. – ‚Du hast noch weit mehr erzählt', dachte sie. ‚Aber nur dies eine scheint zu stimmen. Schmutzig und armselig ist es hier, es riecht nach Moder und Ratten. O Piero, Piero, du Lügner, wohin hast du mich gebracht, du mit deinem Palazzo, deinen Statuen und rauschenden Fontänen?'

Irgendwoher rief eine Frauenstimme: „Wer ist da?"

Piero öffnete eine Tür. „Wir sind's", sagte er.

Ein Aufschrei: „Piero! O Piero!" Sie traten in eine halbdunkle Stube, in der eine einsame Kerze auf dem Tisch in einem Leuchter brannte.

„Piero! Söhnchen, du bist da. Endlich." Mühsam erhob sich eine Frau hinterm Tisch, lief schwankend auf Piero zu und schloß ihn in die Arme. Sie schien sehr alt und gebrechlich zu sein, klein, gekrümmt und schwach auf den Beinen. – ‚Es muß Pieros Großmutter sein', dachte Bianca. ‚Seine Mutter kann ein so hohes Alter noch nicht erreicht haben ...'

Die alte Frau weinte vor Freude. „Daß du da bist, daß du da bist", wiederholte sie immer wieder.

Auch Piero schien bewegt. „Mamma mia!" rief er und drückte die gebrechliche Gestalt an sich. ‚Sie ist also doch seine Mutter', dachte Bianca.

Nun löste sich die Alte von Piero und wandte sich Bianca zu. „Sieh hier – meine Frau", sagte Piero.

Wieder breitete seine Mutter die Arme aus. „Oh, wie habe ich auf dich gewartet, Töchterchen, Täubchen! Wie bin ich froh, daß du endlich da bist." Sie legte ihre Arme um Bianca und drückte ihren grauen Kopf gegen ihre Brust.

Bianca durchlief es wie ein warmer Strom. Täubchen! so hatte Chiara sie manchmal genannt. „Mütterchen" flüsterte sie. „Habt Ihr wirklich auf mich gewartet?"

„Wie sehr, wie sehr! Alle Tage habe ich zur lieben Gottesmutter gebetet, sie möge dich endlich hersenden."

„Was nicht klug war", kam da eine knarrende Männerstimme aus dem Zimmerwinkel. „Wollt ihr nicht herkommen und auch mich begrüßen, ihr Jungen? Ich bin krank, ich kann nicht gehen, ich hab dir's geschrieben, Piero, du solltest es wissen."

Im Zimmerwinkel saß in einem alten Lehnstuhl Pieros Vater. Er hockte da in der Dunkelheit, sie hatten ihn nicht gesehen, jetzt gingen sie zu ihm und begrüßten ihn.

„Wie sieht sie denn aus, die Schöne, um die es soviel Lärm gegeben hat und noch gibt? Mutter, bring die Kerze."

„Ich bin dabei nachzusehen, ob wir noch etwas zu essen haben für die beiden. Sie werden hungrig sein."

„Das erübrigt sich, das Nachschauen. Ist doch nichts da, wo sollte es herkommen?" knurrte der Mann. „Ich hoffe, ihr habt Geld mitgebracht, ihr Landfahrer. Wir wüßten sonst nicht, wie wir euch verköstigen sollten."

„Ein paar Schmuckstücke", sagte Bianca matt. „Piero kann sie verkaufen."

„Piero zeigt sich besser nicht in den Gassen. Es sind schon zweimal solch verdächtige Burschen hier bei uns gewesen, um sich zu erkundigen, ob der liebe Sohn nicht heimgekommen sei. Hier suchen euch die Späher zuerst, das ist klar wie Wasser. Ihr werdet nicht lange hierbleiben können."

„Diavolo! Das fehlte mir gerade. Wieder im Land herumziehen", fuhr Piero auf. Die Kerze flackerte.

„Halt das Licht ruhig", sagte der Kranke. „Damit ich sie anschauen kann." Der Kerzenschein fiel auf Biancas Gesicht. Pieros Vater kniff die Augen zusammen und sah sie prüfend an. Das Kopftuch war zurückgeglitten, das im Licht schimmernde Haar fiel ihr in die Stirn. „Goldhaar, wie? Das Gesicht etwas zu verbrannt von der Sonne, das kommt von der Landstraße. Aber hübsch und fein, o ja. Feine Finger. Wird nicht recht zugreifen können, die Frau Prinzessin. Wir haben die Magd entlassen müssen – schon vor zwei Wochen. Konnten den Lohn nicht mehr zahlen. Die Mutter ist schwächlich und kann sich fast so wenig schleppen wie ich selber. Du wirst dich im Haus tummeln müssen, Schwiegertochter, da hilft nichts. Wer soll's sonst tun?"

„Ich kann zugreifen", sagte Bianca. Sie sah den Kranken an, in ihren Augen stand der ganze Trotz, den sie ihrem Schicksal entgegenbrachte.

„So, so", brummte der Kranke anerkennend. „Das ist eine, die ihren Weg gehen wird. Es wäre schade, wenn man sie finge und ins Kloster sperrte."

„Man wird mich nicht fangen", sagte Bianca.

„Wenn du das so genau weißt... Na, dann ist's ja gut." Er faßte ihre Hand. „Schwielen, ja. Sie kann arbeiten, die Kleine. Wollte Gott wir könnten's ihr schöner machen. Könnten sie in Samt und Seide hüllen..."

„Das ist nicht nötig", sagte Bianca, und jetzt lächelte sie. „Ich habe schon gelernt, ohne das auszukommen. Ich habe viel gelernt, Messer Buonaventuri."

„Deine Kleider sind draußen im Schuppen, Samt und Seide", warf Piero dazwischen. Auch er lachte jetzt.

„Die verkaufen wir", sagte Bianca.

„Ich habe noch etwas Wein gefunden", rief die Mutter vom Gang her. Sie hatte draußen herumgewirtschaftet.

„Also, her mit ihm." Piero stellte den Leuchter auf den Tisch zurück und warf sich in einen Stuhl.

„Laß unser Töchterchen los, Vater", bat die Mutter mit ihrer schleppenden Stimme. „Sie ist schwanger und weit gegangen. Setz dich endlich, Täubchen. Ihr könnt sie nicht genug ansehen, Vater, wie?

Sie ist schön und soll bei uns nicht die Magd spielen."

„Doch", rief Bianca und lief um den Tisch herum zu der alten Frau. „Es ist richtig so. Wenn ich die Magd spiele, erkennt mich niemand. Und ich will für euch sorgen, Madre mia."

„Töchterchen! Täubchen!"

‚In dieser einen Sache hat Piero nicht gelogen', dachte Bianca. ‚Eine liebende Mutter hat mich hier erwartet. Das wiegt vieles auf.' Sie hatte selbst nicht gewußt, wie stark noch immer die unerfüllten Sehnsüchte ihrer Kindheit in ihr lebten.

Der Vater rief aus der Ecke. „Laßt das Getue! Bringt mir auch von dem Wein, wenn wirklich noch welcher da sein sollte. Wir wollen auf die Zukunft der beiden da trinken, und darauf, daß man sie nicht erwischen möge."

Piero verkaufte die Maultiere, man hatte ja kein Futter für sie, und machte auch die Schmuckstücke zu Geld. Er hatte sich einen Bart stehen lassen, zog die Mütze tief ins Gesicht und feilschte im Dialekt der Berge mit den Käufern.

Aber er wurde trotzdem erkannt. Einer seiner Altersgenossen, mit dem er früher gespielt hatte, legte ihm plötzlich von hinten die Hand auf die Schulter: „Na, Piero, wieder einmal im Lande?"

Piero fuhr erschrocken herum. „Was wollt Ihr denn, ich kenne Euch nicht."

Der andere zog ihn in einen Durchgang. „Schon gut. Ich verrate dich nicht, keine Sorge. Wirst doch einem alten Freund vertrauen. Du solltest aber lieber nur bei Nacht ausgehen."

„So weißt du, daß ich ..."

„Jeder weiß es hier – deine Streiche sind nur zu bekannt. Es wurde öffentlich ausgerufen, daß ihr gesucht werdet, du und dein Liebchen. 2000 Gulden Belohnung ..." Der Freund flüsterte.

Piero schnalzte zornig mit der Zunge. „Ich könnte diesen alten Narren in Venedig erwürgen."

„Wenn du ihn hättest." Der andere lachte leise. „Komm heute nacht zu mir. Ich hab' einen guten Wein im Keller ..."

Von nun an ging Piero am Tage nicht mehr aus dem Haus. Er saß in dem Hinterzimmer, das er und Bianca bewohnten, vertrank einen Großteil des Geldes, das er für die Schmuckstücke erhalten hatte, und fluchte, jammerte und wütete unaufhörlich vor sich hin.

Bianca dagegen äußerte kaum je ein Wort der Klage oder der Furcht. Sie ging täglich mit erhobenem Kopf auf den Markt, im groben Rock und ein Tuch über den Haaren – niemand kannte sie ja in Florenz, wer sollte sie erkennen? Sie versuchte wie Piero Dialekt zu sprechen, und war stolz darauf, daß es ihr gelang. Ohne Zögern nahm sie sich des verkommenen Hauswesens der Buonaventuri an und brachte es, so gut es gehen wollte, in Ordnung. Sie scheuerte und kochte, ihre Erfahrungen in den Berghütten kamen ihr zugute, wenn sie nicht weiterkam, fragte sie Pieros Mutter um Rat.

Die alte Frau war ihr herzlich dankbar und zufrieden, endlich einmal etwas ausruhen zu dürfen. Sie hatte überall in der Nachbarschaft herumerzählt, sie habe jetzt eine neue junge Magd aus den Bergen, die schaffe für zwei und sei nicht mit Gold aufzuwiegen.

Wenn es dunkel wurde und Piero ausgegangen war, saß Bianca oft noch eine Weile bei der Mamina, die schlecht einschlafen konnte, weil sie allerlei Schmerzen plagten. „Es ist die Feuchtigkeit im Haus, die Kälte in der schlimmen Jahreszeit", sagte sie. „Das ist sicher schuld an der Gicht, die Väterchen so elend macht und an seinem anderen Leiden, dem Fieber, von dem der Arzt nicht weiß, woher es kommt. Wir sollten eine trockenere Wohnung haben. Droben im Oberstock regnet es herein, da kann keiner hausen. Florenz ist eine kalte Stadt im Winter und im Frühjahr auch, das kommt daher, daß es so dicht am Fuß der Berge liegt. Wir sollten mehr heizen können, aber woher das Holz nehmen? Als Piero noch ein Junge war, haben wir ihn manchmal ins Mugello hinaufgeschickt, Holz in den Wäldern zu sammeln. Er tat das nicht gern, er hat nie gern gearbeitet." Sie seufzte tief. „Ja, ja, der Piero. Er war immer mein Augapfel. Alle meine anderen Kinder kamen tot zur Welt oder starben früh. Er ist der Jüngste und der einzige, der mir geblieben ist. Verzogen haben wir ihn, ja, das ist wahr. Nach Venedig haben wir ihm immer Geld geschickt, alles, was wir erübrigen konnten. Schließlich ging es nicht mehr. Da hat er dem Vater bitterböse Briefe geschrieben. Er wollte in schönen Kleidern gehen und das Leben eines Edelmanns führen."

Bianca nickte und lächelte. „Ja, er sah – und sieht – schön aus, und gute Kleider stehen ihm."

„Den Frauen gefällt er, sie liefen ihm schon nach, als er noch keine fünfzehn war. Er kann auch lieb und wahrhaft bezaubernd sein – konnte es. Jetzt ist er immer so grob und mißgelaunt und trinkt zuviel."

„Er trinkt, weil er sich fürchtet. Jeden Augenblick können die Häscher zur Tür hereinkommen, das ist nicht leicht zu tragen."

„Aber du trägst es, Töchterchen." Sie sah Bianca liebevoll an. Die lächelte im Schein der Kerze. „Du hast es jetzt auch nicht leicht mit deinen Mann, aber du kannst ihn zähmen, das habe ich gesehen. Es ist ein Glück für ihn, daß er dich bekommen hat."

„Ich glaube eher, daß es ein Unglück für ihn ist", sagte sie leise und sah vor sich hin. „Und ich meine, er weiß es..."

„Einmal werden die Herren es auch müde werden, nach euch zu suchen. Und wenn das Kind erst geboren ist... Du sollst nicht so schwer arbeiten – ich habe auch zuviel gearbeitet, als ich schwanger war – und noch jung –, da kam mein erstes Kind tot auf die Welt..."

Bianca küßte die alte Frau. „Ich überarbeite mich schon nicht, ich bin kräftig. Ich bin froh, daß ich dir helfen kann. Aber – ach, ich glaube, es wäre besser, wir gingen wieder fort. Wir gefährden ja auch Euch." Sie preßte die Zähne in die Unterlippe. Es war nicht auszudenken, was den armen Alten geschehen würde, fände man die Verfolgten hier in ihrem Hause. Sie dachte an Mona Chiara, und ein

Zittern überfiel sie, das sie nur mühsam verbarg. „Man wird nie aufhören, nach uns zu suchen. Eines Tages wird es soweit sein. Ich glaube, nur ein Wunder könnte uns noch retten."

„Nein, nein", die Mamina legte ihre Hand auf die Biancas. „Nicht mutlos sein. Dein Kind muß hier geboren werden. Ich will jeden Tag in der Kirche die liebe Gottesmutter um ein Wunder bitten, sie wird es schicken, sei ganz ruhig, sie wird es schicken."

IV

Das Wunder

Bianca war es gegeben, sich beherrschen zu können. Es geschah in diesen Tagen der Angst nur ganz selten, daß sie zeigte, wie es in ihr aussah. Sie schaffte im Haus umher und sang leise vor sich hin, als sei sie fröhlich und guter Dinge. Aber dabei lauschte sie mit einem Ohr nach draußen – kamen nicht Schritte auf die Tür zu, würde man nicht gleich ein Pochen hören? Das Haus der Buonaventuri lag mit seiner Vorderfront an der großen, belebten Via larga, viele Schritte gingen vorüber, Pferdehufe klapperten auf dem Pflaster und Wagenräder rollten.

Hie und da klopfte es wirklich an der Haustür, und Bianca fuhr auf und stand zitternd bereit, in das Versteck hinterm Kamin zu flüchten, aber es war dann jedes mal nur eine Nachbarin oder ein Nachbar, die eintraten, um nach der alten Mona Maria zu sehen, die ihrer Freundlichkeit wegen in der Nachbarschaft beliebt war. „Noch nichts vom Sohn gehört, Frau Nachbarin?“ – „Nein – leider nein.“ „Sagt das nicht, es ist besser für ihn, wenn er nicht herkommt. Die Polizei – Ihr wißt… Und wie geht's euch, Messer Buonaventuri? Immer gleich schlecht? Bedauerlich…“

„Sie wollen schnüffeln", sagte Piero wütend, wenn der Besucher oder die Besucherin gegangen war. Bianca zeigte sich in solchen Fällen manchmal in der Tür, den Besen in der Hand, Piero blieb verborgen.

Nachts lag sie oft wach und malte sich Schrekkensbilder aus. Piero hatte von dem Freund, den er nachts besuchen ging und der einen Bekannten in Venedig hatte, erfahren, daß man seinen Oheim, Giambattista Buonaventuri, den Leiter der Bankfiliale der Salviati, gefangengesetzt und gefoltert hatte. Er sollte Aussagen über die Schandtaten und den Verbleib seines Neffen machen und wußte doch gar nichts von der Sache. Nun sah Bianca allnächtlich, im Bett liegend, die Folterwerkzeuge vor sich und hörte die Schreie der Gequälten und das klagende Weinen ihrer Duenna. Wenn sie einschlief, kam rote Glut auf sie zu, man wollte sie mit glühendem Eisen brennen, oder in einen tiefen, finsteren Schacht hinabstoßen!

Frühmorgens lief sie in die nahe Kirche des Klosters von San Marco hinüber, um die Messe zu hören. Sie betete lange und inbrünstig und bat Gott und die Madonna um Hilfe und Rettung. Schwer war es ihr aufs Herz gefallen, daß sie sich auf ihrer Reise und in den Bergen so gut wie nie um Gott gekümmert und keine Kirche aufgesucht hatte. Zürnte Gott ihr vielleicht deshalb? Würde er sie der Vernichtung preisgeben? Wann? So, wie es war, konnte es nicht für alle Zeiten weitergehen, es mußte etwas geschehen. Gott müßte ihre und der Mamina Bitten um ein Wunder erhören oder – das

Schreckliche würde eines Tages über sie und Piero und die Eltern hereinbrechen.

Im Juli wurde Biancas Kind geboren. Es waren heiße Tage, und Bianca litt unsagbar. Die Wehen dauerten einen Tag und einen halben, sie meinte zu sterben. Endlich gebar sie doch. Die Mamina und eine herbeigerufene Wehmutter standen ihr bei. Sie sagten nachher, sie hätten nicht gedacht, daß Bianca es überstehen würde.

Das Kind war gesund, ein Mädchen, Bianca bestand darauf, es Pellegrina zu nennen. Ihre Mutter hatte so geheißen. Und sie dachte an die Irrfahrten und Wanderungen, die das kleine Wesen bereits in ihrem Leibe hatte mitmachen müssen.

Bianca fühlte sich matt und krank. Sie hatte wenig Milch. Eine Nachbarin bot sich als Amme an. Pellegrina empfing überhaupt viel Liebe in ihren ersten Lebenstagen, Mona Maria war eine überaus beglückte und zärtliche Großmutter, und die Nachbarinnen zeigten sich alle hilfreich und freundlich. Sie bedauerten nur, daß das Kind keinen Vater habe. „Der ist droben in Firenziola“, sagte Bianca mit schwacher Stimme. „Er wird sicher eines Tages kommen, das Kind zu sehen.“

Piero kümmerte sich nur sehr wenig um seine Tochter. Er war jetzt keine Nacht mehr zu Hause. „Ich muß bei Tag schon lange genug in dem alten Rattennest herumsitzen“, sagte er.

Bianca kränkelte noch eine Zeitlang. Die Hausarbeit fiel ihr sehr schwer. Aber als es gegen den Herbst zu ging, erholte sie sich und gewann die alte Frische und Tatkraft wieder. Die Angst vor Entdekkung allerdings quälte sie unvermindert weiter, denn man hörte, die Spitzel der Republik Venedig seien noch in der Stadt und bewachten heimlich das Haus in der Via larga, um zu erfahren, ob und wann das flüchtige Paar endlich dort eintreffe.

An einem Morgen erwachte Bianca später als sonst. Sie erhob sich im allgemeinen mit dem Hahnenschrei, um noch einige Hausarbeiten verrichten zu können, ehe sie in die Frühmesse ging.

Jetzt reckte und streckte sie sich, die Müdigkeit lag noch über ihr, sie hatte erst spät Schlaf gefunden. Piero war noch nicht heimgekommen, die Eltern schliefen wohl noch.

Sie stand auf, ging auf klappernden Holzpantoffeln, nur mit einem Rock und dem weißen Hemd bekleidet, gähnend umher, legte das Federbett aus und klapperte dann ins Hinterzimmer und öffnete den Laden des Fensters, das auf den Garten hinaussah. Die frische Morgenluft eines schönen, sonnigen Tages strömte herein. Sie atmete tief und fühlte sich wohler. Sie begann sogar ein wenig zu singen.

‚Den Garten muß ich in Ordnung bringen, auch ihn', dachte sie. ‚Das Unkraut muß weg, im nächsten Frühjahr will ich hier Gemüse ziehen...' Dann aber schüttelte sie den Kopf. ‚Im nächsten Frühjahr? Wo bin ich da?'

Sie seufzte und ging zu Pellegrinas Wiege. Die Kleine schlief. Bianca beugte sich herab und hauchte einen Kuß auf die runde Stirn.

Dann trat sie zum Fenster, das nach der Straße zu sah, um auch hier die Klappläden zu öffnen. Sie stieß sie kräftig auf, so daß sie rechts und links knallend gegen die Hauswand schlugen.

Einer der Vorübergehenden blieb stehen und sah sich nach dem Fenster um. Er war wohl erschrokken, hatte vielleicht geglaubt, einen Schuß zu hören. Er blieb stehen, ein mittelgroßer Mann mit dunklem Haar und weißer Halskrause. Unwillkürlich lächelte ihm Bianca beruhigend zu. Das Zimmer lag zu ebener Erde, sein Gesicht war dem ihren nahe. Es war das Gesicht eines jungen Menschen, nicht schön, etwas grob geschnitten, große braune, leicht vorquellende Augen starren sie an.

Der Blick war so unverwandt und wie in grenzenlosem Staunen auf sie gerichtet, daß er sie verwirrte. Sie errötete. Das Sonnenlicht, das hinter ihr ungehemmt durch das Gartenfenster und die offene Tür hereinflutete, ließ das schlafwirre Haar um ihr Gesicht wie einen Heiligenschein golden glühen. Sie wußte nicht, daß die in diesem Augenblick aussah, als sei sie geradewegs aus einem Heiligenbild herausgestiegen.

Da der junge Mann immer noch regungslos draußen vor dem Fenster stehenblieb, wurde ihr sein Verhalten unheimlich. Was wollte er denn? Warum starrte er so? Rasch beugte sie sich vor, erfaßte die beiden Flügel des Ladens und schlug sie zu. Dann wich sie zurück und stand mit klopfendem Herzen in der Dämmerung des Zimmers. Ein Spion? Einer der sie – gegen alle Wahrscheinlichkeit – erkannt hatte?

Sie schlich zum Fenster zurück und spähte durch eine Ritze des Ladens nach draußen. Stand er noch da? Aber sie sah nur eine schwarz gekleidete Männergestalt sich entfernen, noch einmal stehenbleiben, weitergehen. Andere Männer, die dicht hinter dem Unbekannten folgten, verbargen ihn ihrem Blick. Aber er war fort, Gott sei Dank.

Zwei Tage später erzählte ihr Mona Maria: „Stell dir vor, Täubchen, heute saß solch eine schöne und vornehme Dame in der Kirche neben mir, wie ich kaum je eine gesehen habe. Sie trug goldene Ketten und Ringe, und ihr Schleier war aus den feinsten Spitzen gefertigt. Eine wahrhaft vornehme Dame, sicher von Adel. Und sie hat mit mir gesprochen, wir kamen unversehens ins Gespräch. Als wir ins Freie gingen, stolperte ich an der Schwelle, und da stützte sie mich sogar, das war doch schön von ihr. Sie hatte eine Gesellschaftsdame bei sich und vor der Kirche warteten ihre Diener. Und doch war sie so freundlich zu mir, kein bißchen herablassend."

Am nächsten Tag erzählte die Mamina wieder von der schönen Dame, sie habe vor der Kirche noch eine ganze Weile mit ihr, der armen Mamina, geplaudert und sei so voller Anteilnahme und Freundlichkeit gewesen, daß es wahrhaft zum Staunen sei.

Am dritten Tage kam Mona Maria voller Erregung, rote Flecken auf den welken Bäckchen, in das Hinterzimmer gehumpelt, in dem Bianca bei Piero saß und die Hemden des Messer Buonaventuri flickte.

„Denkt euch, es geschehen in Wahrheit Wunder und Zeichen. Die vornehme Dame, von der ich dir erzählt habe, Bianca, sie ist so voller Mitgefühl für unser Schicksal, daß sie uns helfen will..."

„Was soll das heißen?" Piero fuhr auf. Er stieß den Weinbecher zurück. „He, was soll das heißen?"

„Nun, daß ich ihr alles erzählt habe von euch, von der Verfolgung, von unseren Sorgen..."

„Du alte Närrin, du verfluchte!" Piero sprang auf und stürzte auf seine Mutter zu. Er hätte sie geschlagen, wäre Bianca nicht dazwischen gefahren. Sie riß ihn zurück. „Laß das!" herrschte sie ihn an. „Laß sie sprechen." Er taumelte zurück und fiel wieder in seinen Stuhl. „Schwätzerin, jetzt ist's aus, jetzt sind wir verloren", jammerte er.

Seine Mutter hatte sich zurückgezogen. Sie begann zu weinen. „Sei doch nicht so heftig, Piero. Sie verrät euch doch nicht. Sie hat es mir bei allen Heiligen geschworen. Sie ist so gütig, man kann ihr vertrauen. Sie sagte, sie habe Beziehungen zum Hof. Ihr Mann ist Kammerherr, ein Marquese, Spanier. Ganz große, hochgeborene Edelleute sind das – sie haben Einfluß..."

„Geschwätz! Das Frauenzimmer ist eine Spionin, weiter nichts", Piero leerte mit zitternder Hand seinen Becher.

„Wenn ihr sie nur sehen und hören könntet. Sie will dich zu sich einladen, Bianca."

„Mich einladen?" Bianca runzelte die Brauen. „Ich werde nicht hingehen."

„O doch, du solltest hingehen. Es ist ja das Wunder, sie will uns helfen. All unsere Sorgen von uns nehmen. Sie will mit dir darüber sprechen, wie das zu bewerkstelligen sei. Sie sagt, sie will dich in einem Wagen holen lassen, denk nur, in einem dieser neumodischen Gefährte, die man, glaube ich, Karossen nennt, man sitzt darin weich wie in einer Wiege – sie hat solch einen Wagen, diese Dame..."

„Hat sie ihren Namen genannt?" fragte Bianca zögernd.

„Sie ist eine Marchesa Mondragone. Kinder, wenn ihr diese Gelegenheit versäumtet... Sie hat gesagt, sie kann euch einen Freibrief vom Prinzregenten erwirken. Es ist die Hand Gottes – ihr dürft sie doch nicht zurückstoßen..." Und da Bianca unsicher schwieg: „Frag den Vater, Bianca. Er wird dir das gleiche sagen wie ich."

Sie gingen in den Wohnraum, wo der Vater wie alle Tage im Lehnstuhl saß. „Was ist das für eine Aufregung?" fragte er.

Sie trugen ihm die Sache vor. Er wiegte den Kopf. „Wenn man in einer Lage ist wie ihr, muß man etwas wagen können. Wir gehen ja alle noch an der Angst zugrunde. Besser ein Ende mit Schrecken als ein Schrecken ohne Ende. Ich meine, Bianca sollte mit dir, Mutter, in die Kirche gehen und sich die angebliche Marchesa ansehen. Bianca ist nicht dumm und hat einen klaren Blick. Sie kann dann entscheiden, ob sie zu der Dame gehen will oder nicht."

„Mir kann's einerlei sein", Piero lachte gereizt. „Ich verschwinde, wenn's brenzlig wird. Mag Bianca in die Falle laufen, es geschieht ihr recht, wenn sie darin hängen bleibt."

„Da die Dame ja nun schon weiß, daß wir hier sind", sagte Bianca in ihrer beherrschten Art, „ist es besser, sie nicht vor den Kopf zu stoßen. Ich werde tun, was der Vater sagt."

Die Marchesa war wirklich eine schöne Frau. Sie mochte nicht viel jünger sein als die Mamina, aber sie war nicht verbraucht und krank wie diese, sondern schritt königich einher in schwarzer Samtmantille, den Spitzenschleier über den Haaren, kostbare Gehänge in den Ohren. Sie hatte ein klares Gesicht und freundliche Augen, und Bianca entschied, daß man ihr vertrauen könne. Die Marchesa sagte, als man nach der Messe noch einen Augenblick beieinander stand: „Ich bin froh, Euch kennengelernt zu haben, junge Frau. Eure liebe Schwiegermutter hat mir von Eurem schweren Schicksal erzählt. Ich möchte Euch helfen, so weit es in meiner Macht steht." Sie sah sich kurz um, die Kirchgänger umdrängten sie. „Wir können hier nicht reden, wie wir möchten. Wollt Ihr zu mir kommen? Ja? Der Wagen wird Euch morgen nachmittag abholen. Ist es recht?"

„Ich danke Euch", sagte Bianca.

Die Marchesa verabschiedete sich mit herzlicher Freundlichkeit. Ihre Gesellschaftsdame, die beiseite gestanden hatte, trat, während ihre Herrin davonschritt, dicht an Bianca heran und flüsterte: „Der Regent wird wahrscheinlich selbst da sein", dann eilte sie der Marchesa nach.

Bianca schüttelte den Kopf. „Wer ist das eigentlich – der Regent?" fragte sie, während sie über die Piazza San Marco schritten.

„Der Regent? Der älteste Sohn unseres Herrn Herzogs. Sein Vater hat ihn kürzlich zum Regenten über die ganze Toskana eingesetzt. In seinen Händen liegt alles. O Bianca, du wirst diesem hohen, mächtigen Herrn deine Bitte vortragen können, welch ein Glück. Er wird uns helfen und schützen. Welch ein Glück, Bianca, welch ein Glück!"

„Die Frau hat ‚wahrscheinlich' gesagt. Und dann, selbst wenn er da sein sollte – wer sagt denn, daß er mich anhört, daß er mich nicht verhaften läßt...?"

„Nein, nein, Täubchen, nein. Wenn er dich sieht, so lieblich und unschuldig wie du aussiehst..."

„Unschuldig auch noch?" Bianca lachte bitter. „O Mamina, man merkt, daß deine Augen trübe geworden sind."

Am Frühnachmittag des folgenden Tages stand Bianca vor dem alten Eichenschrank, in dem diejenigen ihrer Kleider hingen, die noch nicht verkauft waren. „Ich will mich dunkel und einfach kleiden", hatte sie zu den Eltern gesagt. „Eine Bittstellerin muß bescheiden und ärmlich wirken..."

„Eine Bittstellerin wie du darf sich schon ein wenig hübsch machen", hatte der Vater gesagt, und Mamina hatte kichernd hinzugefügt: „Wenn es gilt, das Herz eines Mannes zu bewegen allerdings. Sei klug Täubchen, zeig deine Schönheit, Männer sind empfänglich für so etwas, selbst wenn sie Regenten sind."

Keins der Kleider aus Venedig wirkte einfach und ärmlich. Bianca wählte eins aus tiefblauer Seide mit Spitzen am nicht zu tiefen Ausschnitt und leicht gepufften Ärmeln. Das Haar kämmte sie glatt aus der Stirn, wie die Mode es wollte, doch ließen ein paar goldfarbene Löckchen sich nicht bändigen und kräuselten sich über der Stirn, sie ließ sie hängen. Eine winzige blaue Kappe mit einer Schleife saß, mit Nadeln festgesteckt, auf dem Hinterkopf. Die Augenbrauen zog sie mit einem feinen Stift nach, die Lippen färbte sie ein wenig röter. Sollte sie auch etwas Rot auf die Wangen geben? Aufmerksam sah sie in den Spiegel, dann ließ sie die Quaste mit dem Rouge sinken und schaute noch aufmerksamer in das fleckige, alte Glas. ‚Deine Schönheit?' Die Sonnenbräune war gänzlich verschwunden, und das Gesicht war schmal geworden in den letzten Monaten. Dennoch: die Augen hatten ihren Glanz behalten, das Gesicht sah noch immer jung und – sie bemerkte es jetzt mit Erstaunen – zart und schön aus. Sie lächelte zur Probe – das Gesicht im Spiegel lächelte anmutig zurück. Bianca Cappello war nicht mehr das harmlose, kindische junge Mädchen, das sie noch vor nicht viel mehr als einem Jahr gewesen war, das übermütige Kind, das mit Carino herumgetollt und „ich hab mich verliebt" gesungen hatte. Wie weit, wie weit lag das zurück! Dies eine Jahr hatte sie zutiefst verändert, sie wußte es. Und trotzdem konnte sie noch lächeln, als sei da nichts gewesen von Enttäuschung, Furcht und Verzweiflung, von Schmerzen, Schwäche und harter Arbeit: ein Gesicht – lieblich und unschuldig … „Gott verzeihe mir", sagte Bianca vor sich hin.

Sie hielt das Diamantkreuz in der Hand, das sie getragen hatte, als sie Piero zum ersten Mal begegnet war. Arme Bittstellerinnen erschienen wohl selten mit Kreuzen aus Diamanten am Hals vor hohen Herren, die ihnen Gnade erweisen sollten. Aber sie legte es doch an, es war das einzige Schmuckstück von allen, das ihr geblieben war, und sie wollte es noch einmal tragen, schleppte man sie ins Gefängnis, war es mit dem Schmucktragen sowieso vorbei.

Sie warf einen Blick zu Piero hinüber, der schnarchend in der Ecke schlief. Das tat er jetzt häufig. Auch Pellegrina schlummerte. Sie küßte sie, dann schleppte sie die Wiege ins Wohnzimmer hinüber, denn Mamina würde die Kleine hüten, solange Bianca abwesend war. Sie küßte auch Mamina, die sie innig umarmte, dann lief sie zum Vater, der heute am Fenster saß. „Viel Glück, Kleine“, sagte er und „der Wagen ist schon da, eil dich.“

Vor dem Haus stand der Wagen, umdrängt von Kindern, die das Wunder bestaunten – die hohen Räder, die samtbezogenen Sitze, die Laternen, den livrierten Kutscher und die hübschen schwarzen Rößlein mit dem glänzenden Geschirr. Bianca stieg ein, aus vielen Fenstern sahen Neugierige ihr zu. – ‚Nun staunen sie alle und können nicht begreifen, daß die Dienstmagd der Buonaventuri in solcher Pracht und Herrlichkeit davonfährt‘, dachte sie. ‚Aber es kommt jetzt nicht mehr darauf an. Entweder komme ich mit einem Freibrief wieder – oder nie mehr. So oder so – die Angst wird ein Ende haben, und das ist auch etwas wert.‘

V

Don Francesco

Der Wagen fuhr am Dom vorüber, dann über einen Platz, an dem ein großer, wunderbarer Palast mit einem hohen, schlanken Turm prächtig aufragte. Dann über eine Brücke, die einen großen Fluß überspannte, den Arno, Bianca wußte den Namen. Sie war noch nie weiter als bis zum Markt und zur Kirche gegangen und trotz der Spannung, in der sie sich befand, nahm sie die Schönheit der Stadt bewundernd in sich auf.

Jenseits des Flusses durchfuhr der Wagen noch ein paar Gassen und hielt dann vor einem prächtigen Palast. Ein Diener half Bianca aussteigen, sie wurde durch ein hohes Vestibül und über eine Treppe in die Gemächer der Marchesa geführt.

Diese begrüßte Bianca herzlich – fast wie eine junge Freundin. In einem schönen Kabinett, in dem anmutige Gemälde von den Wänden schauten, mußte sich Bianca neben die Hausherrin setzen. Diese sagte: „Ich bin glücklich, daß Ihr meinem Ruf gefolgt seid, Madonna. Ihr werdet Euch vielleicht gewundert haben, daß ich nicht den Anstand gewahrt und Eure Schwiegermutter mit Euch eingeladen habe. Aber es drängt mich, allein mit euch zu plaudern. Man versteht einander besser, wenn nicht andere Ohren zuhören."

Zu Biancas Erstaunen sprach sie dann aber nur leichthin über unwesentliche Dinge. Es war wirklich nicht mehr als Geplauder, während ein Diener in schönen Bechern Kakao servierte, jenen Trank, der, wie man sagte, erst neuerdings aus den großen, geheimnisumwitterten Ländern im Westen eingeführt worden war, die ein Genuese mit Namen Colombo entdeckt hatte. Dort sollten die Vornehmen unter den Eingeborenen diesen braunen Trank besonders lieben, die Marchesa erzählte davon. Sie süßte den Trank mit Zucker, auch dieser war kostbar, nur ein einziger Spezereiladen in Florenz führte die hellen Körnchen, die süßer waren als Honig, wenigstens behauptete das die Marchesa.

Dann fragte sie unvermittelt: „Darf ich fragen, wie alt Ihr seid, Bianca Cappello?"

„Ich bin achtzehn, Euer Gnaden."

„Ihr seid sehr reif für Eure Jugend."

Bianca sah vor sich nieder. „Ich habe viel erlebt, Madonna", sagte sie dann, „und gelernt."

„Ich habe von Eurem schweren und seltsamen Schicksal gehört, liebes Kind, ich hoffe, Euch ein wenig helfen zu können."

Bianca sah schnell auf: „Es wäre sehr schön, sehr gut von Euch. Ihr habt Einfluß bei Hofe, so sagte meine Schwiegermutter."

„Mein Gatte war früher der Lehrer des Prinzen Francesco de'Medici, des jetzigen Regenten. Er hat ihn in der spanische Sprache unterrichtet. Jetzt ist er einer seiner Kammerherren. Ich selbst habe längere Zeit der verstorbenen Herzogin Eleonora als Hofdame gedient..."

Francesco I. dei Medici

„Und – Ihr könntet ...?“

„Ich könnte Euch einen Weg zeigen, Bianca, der Euch aus der Not und der Bedrohung, unter der Ihr steht, führen würde.“ Und da Bianca sie nur aufmerksam fragend ansah, fuhr sie etwas zögernd fort: „Don Francesco nimmt Anteil an Eurem Schicksal ...“

„Er weiß davon, er weiß, daß ich – daß wir ...?“ Bianca war nun doch beunruhigt.

„Selbstverständlich kennt er Eure Geschichte. Schon vor Monaten sprach der venezianische Gesandte deswegen bei ihm vor ...“

„Und er weiß, daß wir hier sind und wo?“

„Er weiß es. Aber er hat bis jetzt nichts unternommen, die venezianischen Agenten oder die Polizei davon in Kenntnis zu setzen.“

Bianca atmete tief. „Er wird es auch nicht tun?“

„Ich hoffe nicht. Bianca, die Entscheidung, ob Euer Schicksal sich günstig gestalten werde oder nicht, liegt“ – sie stockte – „liegt in erster Linie bei Euch.“

„Ich werde Gelegenheit bekommen ...?“

Bianca brach ab, die Gesellschaftsdame der Marchesa war ins Zimmer gehuscht. Sie flüsterte ihrer Herrin ein paar Worte zu. Biancas scharfe Ohren verstanden: „Er ist da.“

„Wollt Ihr mit mir kommen, Madonna Bianca?“ wandte sie sich an die junge Frau, die zögernd aufstand. Bianca warf einen Blick zu der Marchesa hinüber, die nickte ihr lächelnd zu.

Da folgte sie der Dame. Ihr Herz klopfte stark. Die Entscheidung lag also nun in ihrer Hand. In

Gottes Namen. Sie legte sich im Geist bereits die Worte zurecht, die sie dem Regenten sagen wollte. Durch mehrere Gänge gelangten sie in ein kleines, gut eingerichtetes Zimmer. Es war leer.

Als sich am Ende des Raumes eine Tür öffnete, verließ die Gesellschaftsdame auf der anderen Seite das Zimmer. Bianca stand dem Regenten allein gegenüber.

Er blieb bei der Tür stehen. Sie hatte ihn sofort erkannt. Es war der junge Mann, der sie vor ein paar Tagen so seltsam angestarrt hatte, als sie die Fensterläden öffnete. Sie sah die dunklen, etwas vorgewölbten Augen mit dem gleichen Ausdruck eines fast angstvollen Staunens auf sich gerichtet. Sie sah das wellige Haar über der flachen Stirn, die kräftige Nase, den knabenhaft trotzigen Mund, die etwas ungelenke Gestalt. – Sie hatte sich den mächtigen Regenten des Landes Toskana älter, aber auch schöner, würdevoller vorgestellt. Der hier stand, als sei er an den Boden angewurzelt, war ein eckiger, unbeholfen wirkender junger Mensch, der eher einem Bauern als einem Fürsten glich. Weder groß noch klein, weder dick noch dünn, weder hübsch noch häßlich – es war nichts Besonderes an ihm als dieser Blick, den sie sich nicht zu deuten wußte.

Langsam ging sie auf ihn zu. „Euer Hoheit wollen mir gnädigst gewähren, Euch eine Bitte vorzutragen?“ Das waren die Worte, die sie sich zurechtgelegt hatte.

Jetzt tat er einen Schritt auf sie zu. „Madonna?“

Als sie aber mit anmutiger Bewegung auf die Knie niedersank, beugte er sich vor und griff rasch nach ihrer Hand. „Nein, Madonna, nein. Ihr sollt doch nicht…"

„Ich bitte Euch, laßt mich!" Sie sah zu ihm auf, flehend und ernst. „Ihr wißt von meinem Schicksal, edler Herr, und von der Bedrängnis, in der ich mich befinde. Seid gnädig, helft mir, laßt mich nicht meinen Verfolgern in die Hände fallen." Das alles hatte sie sich vorgenommen zu sagen, mußte es ihm nicht Eindruck machen, zumal es ihr, erregt wie sie war, gelang, Tränen in ihre Augen steigen zu lassen?

„Aber schönste Madonna", jetzt zog er sie fast heftig in die Höhe, „ich bin doch da, um Euch zu helfen, alles, was in meiner Macht steht, tue ich für Euch."

Er hielt ihre Hand fest umkrampft. Sie begriff plötzlich und versuchte sich von ihm zu lösen.

Er setzte an, hielt inne, stammelte: „Madonna Bianca, ach…" Dann aber brach es aus ihm hervor: „Ich liebe Euch so sehr, wie kaum je ein Mann eine Frau geliebt hat. Ich kann nicht mehr leben ohne Euch. Bianca, wollt Ihr zu mir kommen?"

Sie war erschrocken. Es gelang ihr, sich aus seinem Griff zu befreien. Sie trat zurück.

„Wollt Ihr?" fragte er nochmals mit geradezu inbrünstiger Bitte.

„Ich bin verheiratet, Euer Gnaden."

„Ich weiß", sagte er traurig, „ach, ich weiß. Aber – ließe sich diese Ehe nicht lösen?"

Sie sah ihn gerade an. „Edler Herr, sie ist vor Gott und den Menschen geschlossen worden."

„Und es gibt keine Hoffnung für mich? Ihr wollt nicht? Ich würde Euch alles geben, was Ihr nur wünscht, Euch auf Händen tragen – meine Liebe würde Euch gehören bis an mein Lebensende."

‚Zu große Worte!' dachte sie. Und da er wieder nach ihrem Arm griff, wich sie noch weiter zurück und sagte leise und fest: „Euer Gnaden, es liegt in Eurer Macht, mich zu vernichten. Ich bin in Euren Händen. Und hier, in diesem stillen, abgelegenen Zimmer, bin ich Euch ausgeliefert. Ihr seid der natürliche Beschirmer der Schwachen und Unglücklichen. Achtet, ich bitte Euch, meine Ehre..."

Er hatte sie schon zu unterbrechen versucht. „Nein, nein", versicherte er immer wieder. „Was denkt Ihr von mir? Niemals würde ich Eure Ehre antasten." Er nahm sich sichtlich zusammen. „Ich will nichts, durchaus nichts tun, was Euch mißfällt. Ich will auch nicht drängen, ich kann Euch nur bitten, nachzudenken, Euch zu überlegen, ob Ihr nicht doch Euren Sinn ändern könntet, das ist alles." Er stotterte jetzt nicht mehr, er sprach gefaßt mit schmerzlichem Ernst. Dann verneigte er sich und ging rasch aus dem Zimmer. Auch jetzt fiel ihr das Unbeholfene seiner Bewegungen auf.

Ein wenig zitternd vor unterdrückter Erregung öffnete Bianca die Tür, durch die sie hereingekommen war. Im Gang wartete die Gesellschafterin der Marchesa. Sie kehrten zu dieser zurück.

Sie sah Bianca gespannt entgegen. „Nun, kleine Frau, wie verlief das Gespräch?"

„Der Regent sagte, daß er mich liebe", antwortete Bianca. ‚Sie weiß ja alles', dachte sie, ‚warum sollte ich hinter dem Berg halten?'

„Und – wie lautete Eure Antwort?"

„Daß ich verheiratet bin.“

„Kommt her, Liebe, setzt Euch noch ein wenig zu mir. Ihr denkt jetzt, ich hätte Euch hergelockt, um Euch dem Regenten auszuliefern. Das lag mir fern. Ich kenne seinen Charakter zu gut, um nicht zu wissen, daß er sich in einem solchen Fall nicht anders als rücksichtsvoll verhalten würde.“

„Er war rücksichtsvoll. Aber, gnädigste Frau, wie kann er mich denn lieben? Er kennt mich ja gar nicht. Er hat mich nur einen kurzen Augenblick lang gesehen ...“

„Es gibt solche Dinge, Kind. Der Regent geht jeden Morgen schon früh nach dem Casino von San Marco. Ihr kennt es? Das alte, schöne Haus in dem Garten, wo die vielen Statuen stehen? Seit mehr als 80 Jahren gehört es den Medici, den Herren unserer Stadt. Ihr Ahn, der große Lorenzo, hat es als Schule für Bildhauer und Maler eingerichtet. Auch jetzt arbeiten dort viele Künstler. Sie versammeln sich morgens zu freiem Gespräch, und Don Francesco geht hin, sich mit ihnen zu unterhalten oder den Künstlern bei ihrer Arbeit zuzusehen, denn er ist ein großer Freund der Wissenschaften und Künste. Letzthin, als er auf dem Weg zum Casino war, sah er Euch am Fenster. Man sagt, Amors Pfeile treffen unvermutet. Er hat mir sein Herz ausgeschüttet, weil er mit irgendeinem Menschen darüber sprechen mußte. Er sagte: ‚Es traf mich wie ein Blitz. Seither kann ich an nichts anderes mehr denken als an dieses Mädchen.‘ Ich sage Euch, Bianca, es gibt solche Dinge: ein Blick, und ein Mensch ist für sein ganzes Leben gebunden.“

Bianca dachte an den Augenblick auf der Brücke, als Piero ihr das Hündchen reichte. War sie nicht auch fürs Leben gebunden worden? ‚Aber ich bin eine Frau', dachte sie weiter. ‚Ein Mann?' „Er hat gesagt, er würde mich lieben bis an sein Lebensende. Das ist doch ein viel zu großes Wort – vielleicht glaubt er's im Augenblick selbst, aber ein Mann bleibt einer Frau nicht für alle Zeit treu."

„Ihr habt eine schlechte Erfahrung gemacht, Bianca, wollt Ihr nicht versuchen, eine bessere zu machen? Ich kam vor zwanzig Jahren an den Hof, ich kenne Don Francesco von Kind an. Wenn Ihr bereit wärt, ihn zu erhören, er würde es Euch mit lebenslanger Treue lohnen." Und da Bianca schwieg, fuhr sie fort: „Ich spiele hier die Rolle einer Kupplerin, ich weiß. Ihr werdet mich vielleicht verachten. Aber es geht mir um ein wenig Glück für diesen armen junge Menschen, dessen Leben ich, wie gesagt, von seiner frühen Kindheit an verfolgen konnte. Arm? werdet Ihr denken. Ein Herzogssohn, der in Glanz und Pracht lebt – arm? Solche Menschen werden viel beneidet – zu Unrecht. Wißt Ihr, wie Prinzen erzogen werden, zumal wenn sie Thronfolger sind? Lernen und strenge Übungen von morgens bis abends, von Hofmeistern und Lehrern auf Schritt und Tritt überwacht, wachsen sie ohne Freude und ohne Liebe auf."

„Seine Eltern?" fragte Bianca. Sie spürte bereits, wie sich Mitgefühl in ihr regte. Sollte es diesem Prinzen ergangen sein wie ihr selbst?

„Frau Eleonora, die Herzogin, war eine kühle, zurückhaltende Natur. Zudem liebten sie und der

Eleonora von Toledo

Herzog am meisten ihren dritten Sohn Garcia, der ein bezaubernd fröhliches und liebenswürdiges Kind, voll Munterkeit und Abenteuerlust war. Sie betrauerten seinen frühen Tod so sehr, daß ihre anderen Kinder ihnen gleichgültig wurden. Zumal Francesco, den sein Vater nie mochte. Herzog Cosimo ist ein großer und kluger Mann und Herrscher. Er verachtete diesen ältesten Sohn, weil der so anders war als er selbst, ernst, schwerblütig und auch schwerfällig. Er hielt ihn für dumm, was er ganz und gar nicht ist. Aber es fehlt ihm an Gewandtheit, an Schläue und Schmiegsamkeit. Er ist scheu, kein Redner, er stottert sogar gelegentlich ein wenig. Das alles machte ihn seinem Vater widerwärtig."

„Aber er hat ihn doch zum Regenten ernannt."

„Er ist der älteste Sohn. Herzog Cosimo hatte den Wunsch, sich von den Geschäften zurückzuziehen. Er übertrug dem Sohn – wie ich glaube, schweren Herzens – die Regentschaft nach strenger Belehrung über seine Pflichten. Don Francesco ist alles andere als ein Leichtfuß, das weiß sein Vater auch. Er wird sich bemühen, aber er liebt seine Pflichten nicht. Die Politik verachtet er im Grunde seines Herzens. Er nennt sie ein böses Spiel, das mitzuspielen er kein Talent habe. Herzog Cosimo ist ein Meister in der Kunst der Diplomatie, sein Sohn versteht sich durchaus nicht darauf. Seine Rede ist ‚ja, ja, nein, nein', was er versprochen hat, wird er unverbrüchlich halten. Er wünscht sich ein stilles Gelehrtenleben in der Abgeschiedenheit seiner Gärten, in einem kleinen Haus zusammen mit einer geliebten Frau..." Die Marchesa schwieg einen Augenblick und sah Bianca an, die mit gesenktem Kopf still dasaß.

„Seine Liebe gilt den Künsten und den Wissenschaften, vor allem der Physik, der Alchimie, den Naturwissenschaften überhaupt. Es war seine einzige Liebe bisher. Wie Ihr Euch denken könnt, ist er nichts weniger als ein Frauenheld..."

‚Also in allem und jedem das Gegenteil von Piero', dachte Bianca. Sie sah plötzlich auf. „Aber ich liebe ihn doch nicht, Frau Marchesa", sagte sie erregt, fast heftig. „Und ich bin verheiratet, ich sagte es ihm..."

„Über Euren Gatten wissen wir Bescheid, kleine Frau. Ich hörte, er betrinke sich jede Nacht in einer übel beleumundeten Schenke, in der sich die Gelbhauben herumtreiben."

„Die – was?"

„Herzog Cosimo hat bestimmt, daß die Dirnen in der Stadt gelbe Hauben oder Schleier tragen müssen, damit sie stets erkannt und unter Kontrolle gehalten werden können. Mona Bianca, Ihr könnt diesen Mann nicht mehr lieben, der Euch jede Nacht betrügt."

Bianca war blaß geworden. Aber dann richtete sie sich auf. „Die Unsicherheit unserer Existenz lastet jetzt schwer auf meinem Gatten", antwortete sie ruhig. „Darf ich Euch fragen, gnädigste Frau: Glaubt Ihr, daß seine Hoheit sich für uns in Venedig verwenden wird, auch wenn ich nicht... Ich meine, hängt seine Entscheidung in dieser Sache von meinem Jawort ab?"

„Hat er Euch nichts darüber gesagt?"

„Er sagte zuerst, er wolle helfen. Aber dann... Nachher gab er kein Versprechen..."

„So wie ich ihn kenne, wird er zu helfen suchen, wenn er kann. Erpressen wird er Euch nicht."

Bianca seufzte tief. Die Marchesa legte ihr die Hand auf den Arm. „Brecht nichts vom Zaun, liebes Kind, überlegt in Ruhe. Denkt daran, daß Ihr einen einsamen Menschen, der nie Liebe empfing, glücklich machen könntet. Daß das eine schöne Aufgabe für eine Frau ist. Solltet Ihr Euren Sinn ändern können, so schreibt es mir. Eine Zeile genügt. Ich werde gelegentlich meine Vertraute zu Euch senden." Lächelnd verabschiedete die Marchesa ihre Besucherin.

‚Diese Frau ist klug', dachte Bianca, während sie in dem schönen Wagen durch die Gassen von Florenz fuhr. ‚Sie hat nicht mit Gold, Schätzen und gutem Leben gewinkt. Sie hat mein Mitgefühl mit ihrem Schützling wachrufen wollen, und es ist ihr tatsächlich gelungen. Ob sie für ihre guten Dienste bezahlt wird? Vielleicht geht es ihr wirklich um das Glück des Prinzen, wer kann das wissen?'

Als sie ins Haus der Buonaventuri trat, hörte sie drinnen in der Stube das kullernde Lachen der kleinen Pellegrina und die Stimmen der Nachbarn und Mona Marias. Sie stand vor der Tür und dachte: ‚Was soll ich ihnen sagen? Sie denken, ich käme mit einem Freibrief, und statt dessen...' Sie machte kehrt und ging ins Hinterzimmer.

Gegen seine Gewohnheit war Piero nicht betrunken. Er richtete sich auf und blickte die Eintretende an. „Nun, was gibt's Neues? Hat er dir einen Antrag gemacht, der Herr Regent?"

„Ja", sagte sie und blickte ihm in die Augen, deren Blick jetzt nicht mehr heiter und bezwingend war wie einst in Venedig, sondern trüb vom vielen Trinken und Schlafen.

„Das habe ich mir gedacht. Was bietet er?"

Sie fuhr doch ein wenig zurück. Einen Augenblick lang schwieg sie, ihr Gesicht bekam einen starren Ausdruck, der es gealtert erscheinen ließ. „Seine ewige Liebe bis zum Grabe", antwortete sie kalt.

Piero lachte. „Sonst nichts? Nein, Bianca, so billig gebe ich dich nicht her. Wenn er dich bekommen will, soll er zahlen. Ich verlange eine schriftliche Erklärung, daß die Sache mit Venedig geregelt und die Verfolgung eingestellt wird. Und die Aufhebung dieses verdammten Todesurteils. Ferner eine schöne, trockene Wohnung für uns alle, ein Hofamt für mich und ein monatliches Gehalt, das mir erlaubt, standesgemäß zu leben."

„Standesgemäß ..." murmelte sie. Dann hob sie den Kopf. „Du willst mich also verkaufen, Piero?"

„Ja, natürlich. Und so teuer wie möglich, das ist doch klar."

„Und du schämst dich gar nicht?" fragte sie leise.

„Warum sollte ich mich schämen?" Er änderte den Ton. Über den Tisch geneigt, streckte er den Arm nach ihr aus. Etwas von dem alten, bezaubernden Lächeln lag jetzt um seinen Mund. „Bianca, Närrchen, das bedeutet keine Trennung von uns beiden, wenn du den Herrn nicht liebst ...?"

Sie schüttelte den Kopf.

„Nun, um so besser. Wir werden den Vorteil haben und unser Vergnügen dazu."

„Piero – ich käme mir vor wie eine Dirne."

„Ach, dummes Geschwätz!" Er lehnte sich wieder zurück. „Es steht dir wahrhaftig nicht an, die Hochmoralische zu spielen und mir mit Bedenken zu kommen. In Venedig hattest du auch keine Bedenken, dich in meine Arme zu werfen. Und ich sage dir, ich verlange eine Entschädigung dafür, daß du mich zu dieser hirnlosen Flucht überredet hast, die ich hundertmal verflucht habe. Du bist es mir schuldig, mir wenigstens aus der Klemme zu helfen, in die du mich gebracht hast."

Sie stand bewegungslos und sah ihn an. Dann sagte sie leise: „Jetzt hast du es fertiggebracht, Piero, daß ich nur noch Verachtung für dich fühle." Sie wandte sich um und verließ das Zimmer.

Drei Tage lang ging Bianca mit sich zu Rate. Manchmal weinte sie, meist aber überlegte sie, wog Für und Wider mit klaren Sinnen ab. Am dritten Tag suchte sie ihr Schreibzeug und ein Stück Papier heraus und schrieb darauf mit ihrer schönen, großen Schrift: „Ich habe meinen Sinn geändert. Bianca Cappello." Als die Gesellschafterin der Marchesa im Hause der Buonaventuri vorsprach, gab sie ihr das gefaltete, versiegelte Briefchen, daß sie es ihrer Herrin überbringe.

VI

Das Haus der Medicäer

Bei dunkler Nacht führte ein geschlossener Wagen Bianca wieder durch die schon still gewordenen Straßen von Florenz über den Ponte vecchio zum Palazzo ducale, in dem der Prinzregent seit dem Tode seiner Mutter allein residierte. Der Wagen hielt in einem von Lampen erleuchteten Innenhof, Bianca stieg aus, ein bereitstehender alter Diener half ihr dabei. Er führte sie über ein paar Stufen zu dem weit geöffneten Portal empor. Mit einer tiefen Verneigung bat er sie einzutreten.

Drinnen nahm er ihr das Tuch ab, das sie sich um die Schultern gelegt hatte. Sie trug das lichtgrüne Kleid ihres Hochzeitstages und stand nun still wartend in der feierlichen Pracht des Vestibüls, das sie hoch und kühl umgab. Hellblaue Wände, weiße Säulen, Reliefs im antiken Stil, Statuen sahen sie blicklos an, und es duftete fast betäubend nach Lilien. Diese standen überall in Vasen auf Konsolen und kleinen Tischen, die weißen Kelche hoben sich klar vom hellen Blau der Wandbespannungen ab.

Kein Mensch war in dem Raum außer ihr, der Diener war verschwunden, die Stille ringsum erschreckte sie jetzt fast. Dann aber kam ein Mann rasch die Marmortreppe vom Oberstock herabgeeilt. Es war Don Francesco, im schwarzen Samtwams wie neulich, und wie bei ihrer ersten Begegnung blieb er plötzlich stehen und sah sie mit seinen übergroßen Augen an, als wage er nicht, sich ihr zu nähern.

„Bianca Cappello", sagte er leise, fast andächtig. Jetzt trat er auf sie zu und ergriff ihre beiden Hände. „Ihr seid gekommen, Ihr seid da. Ihr seid zu mir gekommen." Er wiederholte das mehrmals, ein wenig stotternd. Dann küßte er ihre Hände.

„Wollt Ihr mit mir kommen?" die Hand leicht auf ihren Arm gelegt, führte er sie in den anschließenden Raum. Hier empfing sie Rosenduft. Das ganze große Zimmer war mit den herrlichsten Rosen geschmückt, sie standen auch hier in Vasen auf allen Möbelstücken, umschlangen aber auch, zu Girlanden gebunden, Bilder, Spiegel und Fensterrahmen.

Bianca blickte umher. „Wie schön! All die Blumen, drüben Lilien, hier Rosen", sagte sie bewundernd.

„Für Euch. Jeder Raum, den Ihr durchschreitet, soll Euch entgegenblühen und duften", sagte er und stotterte diesmal nicht.

„Für mich? Zu meinem Empfang? Aber Hoheit..." Sie schüttelte den Kopf.

„Wie sollte ich meine Königin würdiger empfangen können?"

Sie lächelte. „Königin? Ach! Eine seltsame Königin, die Ihr aus dem Elend errettet, Don Francesco."

„Meine Königin", wiederholte er, sie ansehend.

Dann schwieg er, als wisse er nicht, was er weiter sagen sollte.

„Es ist so still hier", bemerkte sie nach einem kurzen Schweigen. „So, als habe dies prachtvolle Haus gar keine Bewohner."

„Ich habe die Dienerschaft weggeschickt", antwortete er, „nur mein getreuer Filippo ist zurückgeblieben, er ist verschwiegen. Er wird uns noch beim Essen bedienen. Aber kommt, setzt Euch."

Sie saßen einander auf samtenen Sitzen gegenüber. Sie sagte: „Also soll meine Anwesenheit hier nicht bekannt werden? Darum die Heimlichkeit? Darum kam der Wagen bei Nacht in die Via larga?"

„Ja." Er sah vor sich nieder. „Ich – ich muß Euch – ich weiß nicht, ob Ihr verstehen werdet, was ich Euch jetzt – als erstes – sagen muß: Mein Vater führt schon seit einigen Jahren Verhandlungen mit dem Hof zu Wien und wirbt für mich um eine Tochter des Kaisers, Johanna mit Namen. Die Verhandlungen stehen vor dem Abschluß, sehr zur Freude meines Vaters. Es ist leider so: Die Verbindung mit einer Kaisertochter bedeutet viel für Florenz, für die Toskana ..."

„Aber das verstehe ich gut", sagte sie. „Ich kann mir denken, wieviel das bedeutet – nicht nur für Euren erlauchten Vater ..."

„Für mich bedeutet es Ärger und Belastung", sagte er fast heftig. „Aber ich bin der älteste Sohn des Hauses Medici, und ich darf mich nicht weigern."

„Natürlich nicht. Ist Eure Braut schön?"

Jetzt lächelte er zum ersten Mal. „Sie soll sehr

häßlich sein und dumm wie die Nacht. Ihr werdet niemals Gelegenheit zur Eifersucht haben, schönste Madonna."

‚Um so besser', dachte sie. Und: ‚Das Lächeln macht ihn viel hübscher, ich werde versuchen, ihn oft zum Lächeln zu birngen.' Laut sagte sie: „Macht Euch meinetwegen keine Sorgen. Ich verstehe alles, auch, daß Ihr legitime Erben haben müßt, weil Ihr das dem Haus Medici und dem Lande Toskana schuldig seid." Sie sagte es ohne Spott, mit einen freien, herzlichen Blick, der auch seine Augen aufleuchten ließ.

„Wie gut und verständig Ihr seid", flüsterte er, beugte sich wieder vor und küßte Ihre Hände. „Ihr versteht also, daß ich unsere Verbindung noch nicht in der Öffentlichkeit bekannt machen kann, wenigstens so lange nicht, bis die Verhandlungen abgeschlossen sind und der Ehevertrag unterzeichnet ist – damit nicht Zwischenträgereien die Absichten meines Vaters durchkreuzen können."

„Länger", sagte sie, „nicht nur bis zur Hochzeit, auch danach noch eine Weile, sonst bekommt es Eure Gattin mit der Eifersucht zu tun, und das wäre auch nicht wünschenswert."

„Das wäre mir durchaus einerlei, wißt Ihr."

„Aber mir nicht, Eifersucht ist eine gefährliche Sache ..."

„Euer Gatte?" fragte er zögernd.

„O nein", sie winkte ab und seufzte unwillkürlich. „Ihr habt von dieser Seite durchaus nichts zu befürchten, Don Francesco. Seine Wünsche gehen jetzt andere Wege. Außerdem ist ihm nur wichtig, daß die Verfolgungen gegen uns eingestellt werden, daß wir wieder frei atmen können..." Sie sah Don Francesco fragend an. Es ist auch mir wichtig, wollte sie sagen, schwieg aber.

„Das ist doch selbstverständlich", beantwortete er rasch ihre unausgesprochene Frage. „Ich habe gleich nach unserer Begegnung neulich mit dem venezianischen Gesandten gesprochen und habe schon Nachricht: Die Agenten der Signoria sind bereits zurückgezogen worden. Es droht Euch hier keine Gefahr mehr von ihnen. Um die Aufhebung der Urteile werde ich mich weiterhin bemühen..."

„Ich danke Euch von Herzen", sagte sie tief atmend und mit leuchtenden Augen.

„Hätte ich es nur schon früher getan – ich wußte ja nicht... Ach, Ihr habt so sehr leiden und Euch ängstigen müssen! Wie mich das schmerzt." Er griff wieder nach ihrer Hand.

„Es ist vorüber", sagte sie lächelnd. „Aber..." sie zögerte, „aber nur für mich. Eine Bitte ist noch übrig, Hoheit. Überfordere ich Eure Güte, wenn ich Euch anflehe, auch ein Wort für meine Betreuerin, die mir wie eine Mutter war, und meine arme, kleine Zofe einzulegen, die man beide meinetwegen ins Gefängnis geworfen hat?"

„Ich werde alles tun, was in meinen Kräften steht", versicherte er.

„Meine Dankbarkeit wird Euch für immer und alle Zeit gehören", antwortete sie. Es war ein Versprechen, und es war ihr ernst damit.

„Dankt mir nicht. Ich habe zu danken", er zog sie von ihrem Sitz empor und geleitete sie zur nächsten

Tür. „Ich möchte Euch noch die Bilder im Saal zeigen, ehe wir essen.“

Der lange Saal, den sie betraten, lag im Schimmer vieler Kerzen, die in Leuchtern an den Wänden und in von der Decke herabhängenden Kronen brannten. Hier gab es keine Blumen. Einzig zwei riesige Bodenvasen an beiden Enden des Saals waren mit bunten Herbstzweigen gefüllt. Die Wände aber waren hier ganz und gar mit Gemälden bedeckt, großen und kleinen, sie hingen nebeneinander und übereinander, und die vielen Farben schimmerten im Licht der Kerzen. Auf all den Bildern gab es nur Menschen zu sehen, überall blickten Gesichter mit ihren dunklen, ernsten Augen auf die Eintretenden herab.

Bianca blieb stehen. Wieder war es die Stille, die sie seltsam anrührte. Es ist, als trete man in ein Heiligtum, dachte sie. Sie sagte leise: „Auch hier ist es so still, die Bilder reden nicht, sie schauen nur.“

„Es ist einzig in der Nacht hier so still“, sagte er nüchtern. „Zur Zeit wird ein neuer Flügel an den Palast angebaut, da habe ich am Tag wenig Ruhe. Kommt“, setzte er hinzu, „seht! Hier sind die Medici.“ Er wies zu einem kleinen Bild hinauf, das über einem größeren hing. „Der da oben, das ist der Urahn, Giovanni hieß er. Ein schiefes Kinn hat der Kerl, nicht wahr, und einen sonderbaren Mund? Er war Kaufmann, Bankier, aber er spielte immer den Armen und betonte, daß er zum Volk gehöre, ein Popolane. Vor 200 Jahren waren die Medici noch nichts weiter als reiche, aber unbedeutende Bürgersleute. – Hier, seht den da unten, der hat das

Geschlecht groß gemacht, der alte Cosimo, nach dem mein Vater heißt. Er war so klug, daß er die Sprache der Vögel verstand, sagt man. Er wußte immer die rechte Stunde, wußte, wann es Zeit war, dies oder jenes zu tun. Er hatte Banken in allen Ländern und beherrschte mit ihnen die halbe Welt. Er konnte einen Krieg verhindern, indem er sein Geld zurückzog, und hat das auch getan. Sie vertrieben ihn aus der Stadt, weil sie Angst vor seiner Macht und Klugheit hatten. Aber er kam wieder. Niemand konnte gegen ihn aufkommen."

Bianca betrachtete den Mann in roter Kappe und rotem Rock. Ja, er sah klug aus, ein feines altes Gesicht...

„Er beherrschte die Signoria, aber blieb stets im Hintergund. Nichts in der Politik geschah ohne ihn, und doch konnte niemand sagen: Der ist es, der hat den Fehler gemacht. Ja, so klug müßte man sein, so geschickt, so – verschlagen." Er seufzte tief.

Dann zeigte er ihr ein anderes Bild. „Dieser da war sein Enkel, Lorenzo, den sie heute noch il Magnifico nennen. Er war groß, ohne verschlagen zu sein. Er stand offen und frei vor seinen Feinden. Er bezwang sie schließlich durch seinen Geist, seinen Witz, seine Freundlichkeit. Er war ein Dichter und Sänger und Philosoph, immer von Freunden umschwärmt. Auch er lenkte die Dinge noch ohne gefürchtet zu sein, ohne Heeresmacht, ohne Polizei, einfach dadurch, daß er ganz er selbst war, der größte Medici, wie ich glaube. Noch weit größer als mein Vater", setzte er leise hinzu, „der die Polizei braucht und die harte Macht und den Thron, um erhöht zu stehen und zu bleiben."

„Ein seltsames Bild", sagte Bianca. Sie vertiefte sich in das Gemälde. Ein Mann mit einem stark vorgebauten Untergesicht und spitzer Nase, der wie ermüdet in einem Stuhl lehnte, umgeben von antiken Gefäßen und schönen Dingen. Halb hinter seinem bräunlichen Gesicht hing eine Maske, die aus dem Dämmer des Hintergrundes herausschaute wie ein Menschengesicht. Es war, als lehne der sitzende Mann seine Wange an die der Maske und lausche mit der Spur eines ernsten Lächelns um die Lippen einer unhörbaren Rede.

„Er sieht krank aus", sagte Bianca.

„Vasari hat ihn gemalt, unser großer Hofmaler und Baumeister, 50 Jahre nach seinem Tode, nach alten Bildern und Büsten. Er hat ihn als kranken Mann dargestellt. Er starb mit 43 Jahren an der ererbten Gicht."

„Die Maske flüstert ihm zu, daß er bald sterben muß, und er lächelt dazu", sagte Bianca.

„Ja, das habt Ihr recht gesagt. Ich sehe es auch so. Er stand über seinem Schicksal. Vasari hat das auf schöne Weise deutlich gemacht."

Er führte sie weiter. „Dies hier ist mein Großvater, Giovanni, den man ‚delle bande nere' nennt nach dem Namen der Söldnerschar, deren Feldhauptmann er war."

Bianca sah das Profil eines jungen Mannes in blinkender Rüstung, der saß, als wolle er gleich aufspringen und in die Schlacht eilen.

„Ein großer Heerführer, ja. Mein Vater war sein einziger Sohn, denn er starb sehr jung an einer Wunde, die er in der Schlacht empfangen hatte. Ich glaube", setzte Don Francesco lächelnd hinzu, „ich habe nichts von seinen Eigenschaften geerbt. Ich hasse Krieg und Kriegswesen, und mein Ziel wird später sein, mein Land aus allen diesen unsinnigen Streitigkeiten herauszuhalten. – Und dies hier ist mein Vater."

Sie standen vor einem großen Bild: Auch ein blinkend Gerüsteter, ein klar geschnittenes, noch junges Gesicht; dunkle, etwas vorquellende Augen sahen hochmütig am Beschauer vorbei. „Ihr gleicht ihm", bemerkte Bianca.

„Ein wenig, nicht sehr."

„Die Augen und auch die Stirn..."

„Er sieht vornehm aus, ich nicht. Man sieht ihm seine Tatkraft an. Als er siebzehnjährig zur Herrschaft kam, lag in Florenz – nach der Ermordung des Herzogs Alessandro – alles im Argen. Niemand wußte aus noch ein. Das Staatsschiff schwankte steuerlos im Wellengang der Politik. Jeder bekämpfte jeden. Die Stadt verfiel, das Volk hungerte. Er ergriff das Steuer und schuf Ordnung. Er tat das mit harter, mit sehr harter Hand, aber anders wäre das Werk nicht gelungen. Er gab Florenz Ordnung, Recht, Frieden und Wohlstand. Er ist ein großer Mann und der geborene Herrscher, und ich bin das – leider nicht."

„Vielleicht seid Ihr der geborene Helfer. Das ist mehr." Sie sagte es, ohne ihn anzusehen.

„Meint Ihr?“ Er grübelte verwirrt. Dann lächelte er plötzlich. „Euch zu helfen, schönste Madonna, war mein Ziel, seit ich Euch sah. Aber sonst...“ Er zuckte die Schultern. Sie ahnte daß er ein „Ich kann mir ja selbst nicht helfen“ mühsam zurückhielt.

„Warum hat Euer Herr Vater sich seiner Herrscherpflichten entledigt?“ fragte sie.

„Er war ihrer überdrüssig geworden, all der kleinlichen Plackereien, der Mühen, die nur Enttäuschungen bringen. Er wollte seine Zeit lieber abseits allen Trubels in Gesellschaft einer schönen Frau verbringen. Das sind Wünsche, die ich voll verstehe, hier sind er und ich einander wohl ähnlich. Übringens sind es nur die kleinen Pflichten, die er mir übertragen hat. Die großen Dinge hält er weiterhin in der Hand, vor allem die Außenpolitik führt nur er, und darüber bin ich herzlich froh.“

‚Warum sagt er mir das alles?‘ fragte sie sich, während sie weitergingen, und er sie hier und dort mit einer Bemerkung auf ein Bild hinwies. ‚Warum führt er mich überhaupt sofort nach meinem Eingang in dies Haus durch die Bildergalerie seiner Ahnen? So, als sei ich die Braut des zur Herrschaft Bestimmten, die nun vertraut gemacht werden muß mit Charakter und Würde des Geschlechtes, mit dem sie sich verbindet? Will er mir am Ende zeigen, daß er mich für ebenbürtig hält? Mich, die kleine Abenteuerin von der Landstraße, die er soeben aus Not, Schande und Dienstbarkeit errettet hat?‘ Ein Schauer der Freude und des Stolzes durchlief sie. Während sie auf das Wappen der Medici, die sechs goldenen Kugeln unter dem Herzogshut, zuschritt, das über der jenseitigen Tür hing, dachte sie: ‚Bin ich denn nicht ebenbürtig? Ich bin in Wahrheit doch immer noch und trotz allem Bianca Cappello, Tochter eines der ersten Geschlechter Venedigs. Vor 200 Jahren waren die Medici noch kleine Kaufleute, meine Ahnen saßen damals längst in der Signoria, Patrizier und Führende erster Ordnung.‘ Hoch aufgerichtet ging sie an Don Francescos Seite durch den Saal und fühlte die Blicke der Medici-Ahnen mit Anerkennung auf sich gerichtet.

Nahe der Tür blieb Don Francesco nochmals stehen. „Und das sind wir“, sagte er, das Wir betonend. „Bromzino hat uns alle gemalt, als ich vierzehn war.“

„Ach, die hübschen Kinder!“ sagte sie unwillkürlich.

„Nicht alle sind hübsch.“ Er zeigte auf das Bild eines Knaben, das zwischen zwei reizenden Mädchenporträts hing. Aus einem auffallend unschönen und unjungen Gesicht sahen zwei übergroße, vorquellende Augen den Beschauer traurig an.

Sie wußte nichts zu sagen. Er fuhr fort. „Die meisten von denen, die Ihr hier seht, sind bereits tot. Der fröhliche Garcia, der Liebling meiner Eltern und aller Welt, starb vor zwei Jahren bei einem Besuch in den Maremmen am Sumpffieber, ebenso Giovanni, das ist der mit den dicken Backen. Im gleichen Jahr erlag meine Schwester Lucrezia in Ferrara dem Kindbettfieber. Maria, die hübscheste meiner Schwestern, war schon früher gestorben. So ist das mit uns, der Tod sucht uns, wie es scheint. Isabella lebt noch“ – er wies auf das Bild eines anmutigen jungen Mädchens, „und wie sie lebt! Sie ist die Lebensfreude selbst, sie singt, dichtet, sie war mir immer die liebste unter meinen Geschwistern, obwohl ich mich oft über sie geärgert habe und mich auch jetzt noch ärgere – über ihren Leichtsinn, der seinesgleichen sucht. Sie wird Euch sicherlich sofort als einer lieben Freundin um den Hals fallen, aber morgen wird sie eine andere Freundschaft schließen und Euch vergessen."

‚Werden wohl alle Medici mich als ebenbürtig aufnehmen?' fragte sich Bianca. ‚Oder war das nur so hingesagt?'

„Der da gleicht Euch, der Kleine da unten", sagte sie.

„Ferdinando. Ja, wir haben eine gewisse Ähnlichkeit. Er ist acht Jahre jünger als ich und schon Kardinal. Er lebt in Rom, mit Hofmeistern und Lehrern natürlich. Ein kleiner Tunichtgut", Don Francesco lächelte, „mein Vater muß oft eingreifen und ihn schelten."

Bianca dachte sofort an Piero. „Gibt es das auch unter den Medici, solche, die nicht gut tun?"

„Wir sind alle keine Engel. Wäre ich nicht der älteste Sohn und in Verpflichtungen eingespannt, ich wäre nicht so brav, wie ich es leider sein muß."

„Ihr wäret es auf alle Fälle", sagte sie bestimmt.

Er sah ihr in die leuchtenden Augen. „Meint Ihr? Kennt Ihr mich denn schon so gut?"

„So weit kenne ich Euch auch jetzt schon, Don Francesco", antwortete sie heiter.

Er lachte und führte sie durch die große Tür und einen leeren Gang entlang.

Sie dachte: ‚Er gibt sich mir völlig preis. Ein Mensch, der weiß, daß er der Größe seiner Ahnen nicht gewachsen ist und das offen zugibt und zeigt, daß er traurig darüber ist. Hat er soviel Vertrauen zu mir? Er hat in der letzten Stunde kein einziges Mal gestottert und hat geredet wie ein Buch, er, von dem gesagt wurde, daß er kein Redner sei. Vertrauen zu mir! Ich will sehen, was ich tun kann.‘

Don Francesco öffnete weitere Türen.

„Ich könnte Euch noch viele schöne Bilder zeigen“, sagte er in verändertem Ton, „und werde es auch tun, morgen oder übermorgen. Alle Medici liebten die Künste und förderten die Künstler. Und in diesem Punkt bin ich, glaube ich, ein echter Medici. Ich sammle Bilder, und ich gehe in die Werkstätten der Maler und Bildhauer.“

„Und ins Casino von San Marco, ich weiß“, ergänzte sie.

Er blickte sie von der Seite an. „Und als ich neulich dorthin ging, sah ich an einem Fenster eine junge Heilige in ihrem Glorienschein, schöner als je eine gemalt wurde.“

Sie senkte den Kopf und wehrte ab. „Nein, nicht heilig...“ Dann lenkte sie das Gespräch auf den verlassenen Pfad zurück. „Ich hörte auch, daß Ihr den Wissenschaften zugeneigt seid.“

Er folgte ihr willig. „O ja“, antwortete er mit einem Unterton von Begeisterung und Sehnsucht in der Stimme, der sie aufhorchen ließ, „die Wissenschaften ziehen mich fast noch mehr an als die Künste. Den Lauf der Sterne verfolgen, astronomische Berechnungen aufstellen. Aber noch weit mehr liebe ich die physikalischen Experimente, ich wollte, ich könnte mich ihnen mehr widmen. Aber ich habe andere Aufgaben, solche, die mich weniger glücklich machen. Doch was hilft's", er zuckte die Schultern, „ich kann mir nur selten die Zeit für meine Liebhabereien stehlen..."

„Ihr solltet Euch die Zeit dennoch nehmen", sagte sie bestimmt. „Wir müssen zuallererst das tun, was uns glücklich macht, nur dann können wir die anderen Aufgaben wirklich gut erfüllen."

Er blieb stehen und sah sie groß an. „Das hat mir noch niemand gesagt. Seid Ihr so klug, Bianca Cappello?"

„Ich bin nicht klug. Ich habe noch wenig Erfahrung. Aber dergleichen spürt man doch."

„Ihr spürt, was mich glücklich machen kann? Wie gut, daß Ihr bei mir seid." Wieder küßte er ihre Hand.

„Aber kommt", sagte er dann. „Wir wollen essen und trinken. Kein Gastmahl, nur wir beide allein." Seine Stimme klang froh, fast ein wenig beschwingt und heiter führte er sie an der Hand in das Speisezimmer, wo ein kleiner gedeckter Tisch, von warmem Kerzenlicht überstrahlt, sie erwartete.

VII

Das neue Leben

In der Morgendämmerung fuhr der Hofwagen wieder vor dem Haus der Buonaventuri vor, und Bianca schlüpfte schnell durch die Haustür, die unverriegelt geblieben war. Sie betrat das Hinterzimmer. Piero war da, er lag angekleidet auf dem Bett, fuhr aber sogleich in die Höhe und blickte Bianca aus wachen Augen an. „Nun?"

„Du bekommst alles, was du willst," sagte sie in hartem Ton. „Du kannst ausgehen und dich sogar öffentlich betrinken. Venedig hat seine Agenten bereits zurückgezogen, niemand verfolgt dich mehr. Hier hast du deine schriftliche Erklärung." Sie warf das Dokument vor ihn auf den Tisch.

Er schnellte empor, sprang auf die Füße und reckte und dehnte sich. „Das ist nicht übel", sagte er.

„Du bekommst eine trockene Wohnung, ein Hofamt, Geld genug, um es zum Fenster hinauszuwerfen, alle deine Forderungen sind bewilligt."

Er streckte den Arm nach ihr aus und lachte. „Gut gemacht, kleine Hexe. Komm her, laß dich küssen."

Aber sie war schon hinausgegangen und hatte die Tür hinter sich zugeworfen.

Villa Poggio a Caiano

Nicht lange danach saß sie im Vorderzimmer und erzählte den beiden Alten, was diese erfreuen konnte. „Der Regent kauft ein Haus für uns alle, einen kleinen Palazzo nicht weit von seinem Palast, er weiß schon welchen. Oben werde ich wohnen, Pellegrina wird bei mir sein, aber auch bei Euch, einmal oben, einmal unten. Ich hoffe, daß ich unsere gute Nachbarin überreden kann, mit uns zu kommen und Pellegrinas Amme zu bleiben. Ihr kleines Mädchen kann sie mitbringen. Ihr werdet im Unterstock eine schöne trockene Wohnung bekommen. Und ihr sollt Dienstboten haben, Mamina wird nichts mehr selbst tun müssen."

„Dienstboten? Mehrere auch noch?" Die alte Frau schlug glücklich die Hände zusammen. Ihre moralischen Bedenken, von denen Bianca wohl wußte, waren dahingeschwunden.

„Eine Köchin, ein Hausmädchen, eine Zofe, einen Lakaien", Bianca zählte auf.

„Nein, nein, das ist zuviel", Mona Maria hatte Tränen in den Augen.

„Der Arzt wird den Vater täglich besuchen, ein Krankenpfleger wird ihn stützen und führen. Einen Wagen werden wir auch haben und einen Kutscher. Da könnt ihr durch Florenz fahren und alles anschauen, was schön ist."

„Auf dem Corso..."

„Ja, auf dem Corso, wo die vornehmen Herrschaften hin und wieder fahren. Im schönsten Seidenkleid wird Mamina unter einem Sonnendach sitzen und den Vorüberfahrenden huldvoll zulächeln..."

Nun lachten die beiden Alten.

„Ich werde auch meine Dienerschaft haben. Und Geld genug, um alles für uns zu kaufen, was wir gerne haben wollen.“

„Und Piero?“

Bianca saß mit aufgestützten Ellbogen am Tisch, das Kinn in der Hand, und sah vor sich hin. „Bekommt auch seine Wohnung, hinten hinaus“, murmelte sie. Dann sprang sie auf. „Ich gehe jetzt in die Küche. Ich habe einen Korb voller guter Sachen mitgebracht, davon will ich uns jetzt gleich ein Festmahl bereiten.“

Da kam die knarrende Stimme Vater Buonaventuris aus dem Fensterwinkel: „Komm doch zuvor einmal her zu mir, du gute Fee, die ihre Gaben über das ganze Haus ausschüttet. Laß dir in die Augen schauen.“

Bianca lief zu ihm hin und beugte sich über ihn. „Und ist das alles nun nicht zu teuer eingekauft worden, Mädchen?“ fragte er halblaut.

Sie schüttelte den Kopf.

„Wie ist er denn so, der Herr Prinzregent?“

„Er ist ein guter Mensch“, antwortete sie ernst. „Aber seine Aufgaben sind noch zu schwer für ihn, er wird nicht recht mit ihnen fertig und nicht – nicht mit sich selbst“, setzte sie sinnend hinzu. „Ich hoffe, ihm ein wenig helfen zu können.“

„Sie hofft, dem Herrn Prinzregenten helfen zu können“, sagte der alte Mann vor sich hin. „Mein Sohn ist ein Narr, daß er das Gold aus seiner Hand in eine andere rollen läßt. Aber es geschieht ihm recht, wenn er's verliert. Und – nun, wenn du zufrieden bist, du kluges Mädchen, müssen wir's auch sein."

„Da geht er", sagte Bianca, die aus dem Fenster blickte.

Piero war aus dem Haus getreten. Er trug jetzt wieder seine besten Kleider und hatte sich rasiert. Die Kappe saß ihm schräg auf dem weichen Haar, die Locke fiel in die Stirn. Man hörte ihn leise vor sich hinpfeifen. So ging er mit beschwingten Schritten die belebte Straße entlang. Eine Dame, die zwei Träger in einer Sänfte an ihm vorübertrugen, beugte sich vor und blickte ihm nach.

Bianca sah die schlanke, rote Gestalt hinter anderen Dahinwandernden verschwinden. Sie spürte Tränen in ihren Augen und preßte die Lippen fest zusammen. – ‚Nicht weinen', sagte sie lautlos zu sich selbst. ‚Er hat mich verkauft, nun bin ich für immer getrennt von ihm – für Zeit und Ewigkeit...'

„Laß ihn gehen", sagte der alte Buonaventuri hinter ihr. „Wir haben ihn nicht ändern können, du so wenig wie wir. Da hilft nichts. Gehe du deinen Weg und laß ihn den seinen laufen, Mädchen."

„Ich gehe in die Küche", sagte Bianca, nickte dem Alten zu und verließ das Zimmer.

Den Umzug in das neue Haus, das der Prinzregent gekauft hatte, erlebte Vater Buonaventuri nicht mehr. Eine Lungenentzündung mit heftigem Fieber machte seinem Leben unerwartet rasch ein Ende. Bianca hatte den besten Arzt von Florenz kommen lassen, aber er konnte auch nicht mehr helfen. Don Francesco hatte Verständnis dafür, daß Bianca in der Sterbenacht ihres Schwiegervaters nicht in den Palazzo ducale kam. Auch Piero war dabei, als sein Vater für immer die Augen schloß, er nahm am Begräbnis teil und weinte sogar ein wenig, was Bianca seltsam berührte, aber wahrscheinlich hatte er zuvor getrunken.

Ein paar Wochen später zogen sie dann alle in das Haus in der Via Maggio, Bianca, Mamina, Piero, Pellegrina und die Nachbarin mit ihrer kleinen Tochter. Das Haus war schön und geräumig, mit Säulenvorhalle und Loggien, ein richtiger kleiner Palazzo. Wie das Haus an der Via larga hatte es an der Rückseite einen kleinen Garten, dessen Pförtchen auf eine schmale, von Gartenmauern begrenzte Gasse hinaus ging. Aber dieser Garten war nicht verwildert, sondern schön gepflegt mit Rosenbeeten, wo jetzt im Oktober noch viele Blüten zu sehen waren, mit Marmorbänken, einem Brünnlein und anmutigen Statuen im griechischen Stil. Genau so hatte sich Bianca einst nach Pieros Beschreibungen den Garten des Palazzo Buonaventuri vorgestellt – „Nun bekomme ich ihn doch noch“, sagte sie vor sich hin, als sie zum ersten Mal den Garten betrat.

Don Francesco hatte das Haus, wo es nötig gewesen war, etwas auffrischen und prächtig einrichten lassen, wobei Bianca ihn beriet. Die große, helle Wohnung im Oberstock war zu einem würdigen Rahmen für sie und ihre Schönheit ausgestaltet worden, alles war in zarten, lichten Farben gehalten, auch hier herrschte an Möbeln und Gegenständen der anmutige, antike Stil, den man in Florenz immer noch bevorzugte. Piero hatte eine kleine, abgeschlossene Wohnung im Unterstock für sich bekommen, Mamina wohnte nach vorne, nach der Via Maggio hinaus, wo sie am Fenster sitzen und die Vorübergehenden beobachten konnte, was sie besonders gerne tat. Die Trauer um ihren Gatten wurde bei ihr fast verdrängt durch die Freude an all den schönen Dingen, die sie jetzt umgaben und an dem herrlich bequemen Leben, das sie führen konnte. Flinke Dienstmädchen hielten Zimmer und Treppenhäuser blitzblank, ein Haushofmeister sorgte für den reibungslosen Ablauf des alltäglichen Haushaltgeschehens und hielt Ordnung beim Gesinde, Lakaien öffneten die Tür, wenn Besuch kam. Man konnte mit einer kleinen Handarbeit am Fenster sitzen oder ein Schläfchen am Kamin halten. Das Schönste aber war, daß man ausfahren konnte, wann immer man Lust dazu hatte.

Auch Bianca fand großes Vergnügen an diesen Fahrten. Gekleidet wie vornehme Damen fuhren Mamina und Bianca in dem herrlichen Wagen, dem alle Vorübergehenden staunend nachsahen, durch die von der Herbstsonne übergoldeten Straßen und Gassen des schönen Florenz. Sie besuchten die Messe im Dom – von Gassenkindern umdrängt, wartete der Wagen mit seinen zwei schönen schwarzen Pferden vor den Stufen zum Portal. Oder sie fuhren des Nachmittags über die Höhenstraßen, die die Stadt umgaben, und blickten auf das Dächergewirr hinunter, aus dem im goldenen Dunst Kuppeln und Türme stiegen.

Bianca genoß das neue Leben in vollen Zügen. Es war so unbeschreiblich schön, des Morgens zu erwachen und zu wissen: Niemand verfolgt dich, es gibt nichts, wovor du Angst haben mußt. Immer wieder atmete sie tief, um das Gefühl ganz auszukosten. Die Welt sah jetzt anders aus, alles erschien hell, voller Glanz und Sonne. Die schönen Räume des Hauses, der Luxus, die Freiheit, tun und lassen zu können, was man wollte, berauschten sie fast. Leichten Schrittes tanzte sie durch die Zimmer, holte sich Pellegrina, ließ sie in ihren Armen auf und ab fliegen und mischte in ihr glucksendes Lachen ihr eigenes helles Gelächter.

Auch Pellegrina hatte es jetzt gut, außer von der Amme wurde sie noch von einer Kinderfrau umsorgt, so wie Bianca von ihrer reizenden kleinen Zofe, die ihre Herrin anbetete und ihr zuliebe tat, was sie nur konnte. Die gesamte Dienerschaft verehrte Bianca. Ihre stets gleichbleibende Freundlichkeit, ihre Fähigkeit, niemals Zorn, Unmut oder Ungeduld zu zeigen, ihre verständnisvolle Besorgtheit, die sie einem jeden ihrer Diener entgegenbrachte, zusammen mit ihrer Anmut und Jugendfrische trugen ihr die hingebende Liebe all ihrer Angestellten, vom Pferdejungen bis zum Haushofmeister, ein. Selbst die Lieferanten schwärmten von der schönen, freundlichen Dame in der Via Maggio.

Bianca zeigte niemals Hochmut. Sie vergaß nie, daß sie noch vor kurzem selbst arm und elend gewesen war. Sie vergaß auch keinen Augenblick ihre Pflicht, dem Dankbarkeit zu zeigen, der ihr alles, was sie jetzt erfreute, geschenkt hatte.

Sie gab ihm, was immer sie vermochte. Sie konnte ihm zwar nicht jene heiße, stürmische Liebe geben, wie sie Piero in ihr erweckt hatte. Aber sie verspürte ihm gegenüber eine fast mütterliche Wärme, den Wunsch, ihm zu helfen, ihn zu lösen und zu einem freieren, glücklicheren Menschen zu machen. Er war zurückhaltend und scheu auch als Liebhaber. Seine schüchterne Zärtlichkeit rührte sie oft. Sie merkte, daß sie erfahrener war in der Liebe als er und daß sie ihm Türen öffnen konnte, durch die er niemals gehofft hatte, gehen zu können. Die Liebe hatte in seinem dreiundzwanzigjährigen Leben bisher keine Rolle gespielt – „Frauen waren fremde Wesen für mich“, sagte er –, jetzt hatte ihn urplötzlich in einem Augenblick die Liebe wie ein Sturm überfallen, dem er sich hilflos preisgegeben sah. Nun war es ihre Aufgabe, so empfand sie es, alles in die rechten Wege zu leiten und ihm zu helfen, ganz er selbst zu werden. „Eine schöne Aufgabe für eine Frau“, hatte die Marchesa Mondragone gesagt. Bianca nahm diese Aufgabe ernst.

War in der ersten Zeit allnächtlich sie zu ihm in den Palazzo ducale gekommen, so war es nun er, der jeden Abend ihr Haus aufsuchte. In einen großen, schwarzen Umhang gehüllt, kam er zu Fuß vom Palast herüber, sobald die Dämmerung in die Nacht überging. Sie erwartete ihn dann mit einem erlesenen kleinen Mahl.

Sie hatten einen Koch eingestellt, der ein Meister in seiner Kunst war. Aber auch sie hatte in der Zeit, als sie Mamina die Küchenarbeit abgenommen hatte, allerlei gelernt, das sie jetzt weiter ausbauen wollte. Es machte ihr Vergnügen, angetan mit einer großen Schürze, zusammen mit dem Koch Gerichte feinster Art herzustellen. Vor allem verstand sie sich sehr bald ganz ausgezeichnet darauf, Torten und Süßigkeiten zu backen, die sie dann mit Stolz Don Francesco vorsetzte. Don Francesco liebte Süßigkeiten über alles und küßte ihr strahlend vor Dankbarkeit die Hand.

Immer wieder brachte er Geschenke mit – außer Blumen aus den herzoglichen Gewächshäusern auch hübsche Dinge aller Art. Er versuchte mit rührender Sorgfalt zu erforschen, was ihr wohl am meisten Freude machen könnte. Er schenkte ihr wundervolle Schmuckstücke und kleine Kunstgegenstände, die ihre Zimmer schmücken sollten. Aber auch Bücher erbat sie von ihm.

Bianca war eine tätige Natur. Im Gegensatz zu Piero liebte sie den Müßiggang nicht. „Ich habe in Venedig so viel Müßiggang und Langeweile gehabt, daß es für mein ganzes Leben reicht", sagte sie. Sie fand, daß sie jetzt zu viel freie Zeit habe. So hatte sie sich vorgenommen, ihre Bildung zu vervollständigen. Sie hatte einst bei ihrem Hauslehrer nicht ungern gelernt, zunächst war es wohl nur die Möglichkeit gewesen, die leeren Stunden zu füllen, die sie angezogen hatte. Aber dann hatte sie sich immer mehr und mehr fürs Lernen erwärmt und war traurig gewesen, als der alte Kaplan, der sie unterrichtet hatte, sich auf Nimmerwiederkehr von ihr verabschiedete. Sie hatte erst später begriffen warum: Offenbar wußte er selbst nicht mehr, als er sie gelehrt hatte.

Sie frischte ihr Latein wieder auf. Weit größer aber als für Grammatik war ihr Interesse für Mathematik. Sie wußte davon noch so gut wie nichts, aber sie fand Bücher, die ihr halfen. Sie begriff rasch, und es machte ihr keine Mühe, auch verwickelte Probleme zu durchschauen. Der Spätherbst brachte noch warme Tage. Da saß sie im Gärtchen an einem kleinen Marmortisch, beschäftigte sich mit dem pythagoräischen Dreieck und löste kleine, komplizierte Rechenaufgaben mit wachsender Freude an der Sache.

Don Francesco brachte ihr Ritterromane. Er fand, dergleichen passe doch besser für eine Frau als das trockene Rechenzeug, das er selbst nicht liebte. Sie las auch die Romane mit Vergnügen, kehrte dann aber doch gerne zu ihren mathematischen Problemen zurück.

Die Dunkelheit kam jetzt früher, und Don Francesco konnte schon eher in die Via Maggio herüberwandern. Nun schleppte der zuverlässige Diener Filippo dickleibige Aktenbündel und Rechnungsbogen heran, so daß Don Francesco seine Regentenarbeit in Biancas Gesellschaft fortsetzen konnte. Und da zeigte es sich dann, daß sie ihm dabei gute Hilfe zu leisten vermochte. Sie entwickelte einen Sinn für das Finanzwesen, der ihn staunen machte. Er war kein schlechter Rechner, arbeitete exakt und gewissenhaft. Sie aber besaß den Blick des Genies, der ein Problem nicht nur durchschaut, sondern auch sofort die Lösung sieht. „Das muß man so machen", sagte sie, „seht Ihr, so und so und so..."

Er war voller Bewunderung. „Diese Frau hat einen Verstand – erstaunlich. Ich hätte das nie geglaubt, wenn mir einer gesagt hätte, daß eine Frau…“

„Auch etwas anderes als ein süßes Dummchen sein könnte“, ergänzte sie lachend. „Frauen haben genau so viel Verstand wie Männer, sie zeigen ihn nur meist nicht offen, weil Männer nur dumme Frauen haben wollen.“

„Ich nicht“, beteuerte er. „Ich ganz gewiß nicht. Ich bin stolz darauf, daß ich eine so kluge Frau an meiner Seite habe.“

So ging der Winter dahin. Manchmal mußte Don Francesco im Auftrag seines Vaters Reisen unternehmen, italienische Staatsoberhäupter besuchen oder Verhandlungen mit dem Vatikan führen. Er ging sehr ungern, da ihm dergleichen Aufträge nicht lagen und dann, weil er es, nach seiner eigenen Aussage, kaum zu ertragen vermochte, auch nur eine Nacht von seiner geliebten Bianca getrennt zu sein.

Hoffeste gab es in diesem Winter kaum, Bianca hätte auch nicht teilnehmen können, da sie in ihrer Verborgenheit bleiben mußte. „Wenn die Hochzeit vorüber ist, wird das anders werden“, verhieß Don Francesco, „dann feiern wir Fest auf Fest, und Ihr werdet die Königin sein.“

„Und die Erbprinzessin?“ fragte Bianca.

„Sie wird sich abfinden, wie so viele Gattinnen von Prinzen und Herrschern es müssen. Die meisten tun es mit Anstand, soviel ich weiß.“

Bianca betrachtete manchmal sehnsüchtig die entzückenden Kleider, die Don Francesco für sie hatte schneidern lassen. Sie trug das eine oder andere,

Die Glaserwerkstatt

wenn sie ihn abends empfing, um ihm Freude zu machen. Aber sie wünschte sich brennend, in ihnen durch einen kerzenhellen Saal zu tanzen. Sie war neunzehn Jahre alt und sehnte sich danach, mit jungen Menschen zusammen fröhlich zu sein, zu lachen, Bewunderung zu ernten, Komplimente zu hören – auch noch von anderen Männern als nur von Don Francesco verehrt zu werden. War nicht auch dieses schöne Haus für sie zum Käfig geworden?

Im Frühjahr konnte sie wenigstens wieder ausfahren und im Gärtchen sitzen. Sie hatte eine neue Leidenschaft in sich entdeckt: die für Mechanismen. Als Kind hatte sie einmal eine mechanische Puppe besessen, die gehen und die Arme bewegen konnte, wenn man sie aufzog. Don Francesco konnte vorerst nichts dergleichen auftreiben, so begnügte sie sich damit, Uhren auseinanderzunehmen und ihr „inneres Leben", wie sie es nannte, zu studieren. Sie wünschte sich eine astronomische Uhr, die den Gang nicht nur der Stunden, sondern auch der Sterne und der Monate mit den Tierzeichen anzeigte, und bekam sie. Auch diese wurde auseinandergenommen und glücklich wieder zusammengesetzt.

Pieros Wohnung lag an der Rückseite des Hauses. Wenn er sie verließ, ging er durch den Garten und zum Hinterpförtchen hinaus. Sie sah ihn, an ihrem Tisch sitzend, zwischen den Büschen gehen, meistens schenkte er ihrer Gegenwart keine Beachtung, einige Male aber grüßte er auch mit schwungvoller

Bewegung und spöttischem Lächeln herüber. Sonst sahen sie einander kaum je.

Piero war wenig zu Hause. Elegant nach neuester Mode gekleidet, spazierte er durch die Straßen und ging seinen Vergnügungen nach. Das Hofamt, das ihm der Regent verliehen hatte, bestand nur pro forma, es brachte ihm ein ansehnliches Gehalt ein, legte ihm aber keine Pflichten auf. Er betrank sich jetzt nicht mehr in übelbeleumundeten Schenken, sondern suchte vornehme Gasthäuser auf, wo er mit jungen Adligen, Müßiggängern wie er, zechte und prahlerische Reden führte, wie erzählt wurde. Er hatte schon in Venedig Fechtunterricht genommen, das setzte er jetzt fort und sollte bereits ein recht guter Fechter sein, lief auch immer mit einem langen Degen an der Seite herum. Mamina sorgte sich deswegen: „Er wird sich mit anderen Raufbolden schlagen wollen und dabei verwundet werden oder umkommen", klagte sie. Bianca aber tröstete sie: „Er wird nur im Rausch fechten, und Betrunkene haben einen eigenen Schutzengel, sagt man."

Bianca hatte für Mamina eine Gesellschaftsdame engagiert, die sie bei ihrem unsicheren Gehen stützen und ihr die Zeit vertreiben sollte. Sie war eine Plaudertasche, was Mamina nicht unlieb war, und durch sie erfuhr man, wenn auch nur andeutungsweise, von Pieros verschiedenen Liebeshändeln. die „Gelbhauben" genügten ihm jetzt nicht mehr, man hörte, er prahle im Gasthaus zu vorgerückter Stunde mit den Namen der vornehmen Damen, deren Herzen er gebrochen haben wollte.

Um seine Tochter kümmerte sich Piero nie.

Dagegen liebte Francesco Pellegrina, als sei sie sein eigenes Kind. Sein erster Gang, wenn er abends kam, war immer zu Pellegrinas Wiege. Wenn sie wach war, spielte er mit ihr, schlief sie, so betrachtete er sie zärtlich oder strich ihr ganz sachte über das Köpfchen. Er brachte ein silbernes Glöckchen mit, das er über der Wiege aufhing. Wenn er dann mit dem Finger das Glöckchen läuten ließ, lachte Pellegrina und strahlte ihn mit ihren großen, braunen Augen an.

„Ihr liebt Kinder, ich sehe es", sagte Bianca, die daneben stand.

Er sah sie an. „Ich liebe Euer Kind", sagte er mit Betonung.

Sie senkte den Blick. Sie wußte, was er dachte, er hatte es schon einige Male ausgesprochen: Er wünschte sich ein Kind von ihr. Sie hätte ihm den Wunsch gern erfüllt, aber bis jetzt hatten sich noch keine Anzeichen einer Schwangerschaft bei ihr eingestellt. Nach ihrer ersten schweren Geburt hatte, so erzählte Mamina, die Hebamme gesagt, sie glaube nicht, daß die junge Frau noch jemals ein Kind werde bekommen können. Aber Bianca war entschlossen, darauf nicht viel zu geben. Sie fühlte sich gesund und kräftig, warum sollte sie kein Kind zur Welt bringen können? Sie lächelte Don Francesco zu und freute sich am warmen Aufstrahlen seines Blicks.

Im Juni brachte sie ihn dazu, die Geschäfte für kurze Zeit anderen zu übertragen und einen Jagdausflug ins Mugello, das Bergland oberhalb von Florenz, zu unternehmen und ihr zu erlauben, mitzukommen. Sie wohnten dort in Caffagiuolo, dem Stammschloß der Medici. Der alte Cosimo hatte es einst erbauen lassen anstelle eines einfachen Gutshauses, in dem der Sage nach die Stammväter der Familie schon vor vielen Hunderten von Jahren gewohnt hatten. Gejagt wurde allerdings nicht viel, Don Francesco war kein großer Jäger. Er hatte nur ein ganz kleines Gefolge von absolut zuverlässigen Leuten mitgenommen. Gastmähler gab es nicht, sie lebten so einfach wie Bauern, und Francesco und Bianca streiften, nur sie beide, durch Feld und Wald. Es gab hier, auf der ersten Stufe des Apennin, Tannen- und Laubwälder und, wie in nördlichen Vorgebirgsgegenden, Moore mit Gesträuch, Blumen und Sumpfvögeln. Im Hintergrund ragten die Gipfel des Apennin empor, auf denen noch Schnee lag. Es war eine herrliche Landschaft und ein herrliches Leben, das sie hier führen konnten. Sie sammelten Käfer, Schmetterlinge und seltsame Blumen und Gewächse, die dann im Schloß in Schrankfächern verwahrt oder gepreßt zwischen Papier gelegt und beschriftet wurden. Hier stimmten ihre Interessen vollständig überein, sie waren beide Sammlernaturen und beide erpicht darauf, in alle Wunder und Rätsel der Natur einzudringen. Bianca stapfte in Reitstiefeln und mit Pumphosen, angetan wie ein Junge, das blonde Haar unter der kleinen, verwegenen Kappe offen dem Wind preisgegeben, mit Francesco durch dick und dünn, durch quatschenden Sumpf, über steinige Berghänge und durch verwachsene Wälder und Gestrüpp. Ihre helle Haut bräunte sich wieder wie damals auf der Landstraße, und auch Don Francescos blasses Stubenhockergesicht bekam Farbe. Sie sah, wie er auflebte, wie Sonne, Wind und Sammeleifer ihn verwandelten, so daß er lachend in weitem Satz über einen Bach sprang, sie unter einem Busch plötzlich umfaßte und küßte, ja, er pfiff und sang sogar im Gehen vor sich hin. Noch nie bisher hatte sie ihn so gelöst und glücklich gesehen. Sie dachte an die Worte der Marchesa und an ihre Aufgabe. ‚Auf diesem Wege müssen wir fortfahren', sagte sie zu sich selbst.

Nach Florenz zurückgekehrt, gab sie sich Mühe, dafür zu sorgen, daß sich Sonnenbräune und gute Laune nicht so bald wieder verloren. Sie ermunterte ihn manchmal auszureiten, seinen Interessen nachzugehen, einen angesehenen Alchimisten aufzusuchen und sich Experimente von ihm zeigen zu lassen. Morgens ging er jetzt auch wieder ins Casino. Er aß mehr und mit größerer Lust als früher. Seine Gestalt wirkte kräftiger, ausgereifter, er hielt sich besser. Vom Anfang ihrer Beziehung an hatte sie versucht, ihm mehr Selbstbewußtsein einzuflößen. Sie machte das mit klugem Geschick, so daß er gar nicht merkte, wie er geführt wurde. Sie schmeichelte ihm auf die natürlichste Weise, lobte ihn ohne gouvernantenhaften Unterton, ermunterte ihn, als sei es ganz selbstverständlich, daß er dies oder das könne oder fertigbringe.

Sie sprachen einander mit Ihr an, wie es bei den höheren Ständen der Brauch war. Francesco verfiel auch wohl einmal ins Du, Bianca erlaubte sich das nie. Sie nannte ihn mit Vorliebe ihren „lieben Herrn", was er gern hörte.

Wenn er eine Rede zu halten hatte, kam er von selbst zu ihr und fragte sie um Rat. Dann gingen sie, was er zu sagen hatte, miteinander durch, stilisierten die Rede, und unter Lachen veranstalteten sie eine Hauptprobe, bei der sie durch kecke Zwischenrufe seine Fähigkeit, auf Einwände schnell zu reagieren und sich nicht verwirren zu lassen, schulte.

Der Erfolg ihrer Bemühungen blieb nicht aus. Bald zeigte der Prinzregent in der Öffentlichkeit ein sicheres Auftreten, er sprach geläufiger und überlegener, das Stottern verschwand gänzlich, seine Bewegungen wurden gelöster, die Unbeholfenheit ließ nach.

Don Francesco war nicht sehr beliebt, weder bei den Bürgern noch bei Hof. Seine scheue Zurückhaltung wurde, wie es oft geschieht, als Hochmut ausgelegt, sein unbeholfenes Auftreten verlacht. Die Spottlust der Florentiner hatten weder Herzog Cosimos strenge Ordnung noch seine aufmerksame Polizei ausrotten können. Man ahmte Don Francescos Stottern nach und nannte ihn hinter vorgehaltener Hand den „Bauernlümmel“. Jetzt aber mußte man mit Staunen sehen, wie dieser ungelenke Bauer sich in einen ansehnlichen jungen Kavalier mit guten Formen wandelte, der zu reden verstand und sogar gelegentlich eine gewisse Schlagfertigkeit entwikkelte, etwas, das die Florentiner besonders schätzten.

Man war in Florenz erfahren genug, um die Ursache dieser Wandlung zu erkennen. Vergnügt stellte man fest: Da muß ein Frauenzimmer dahinterstekken. Schon seit einiger Zeit ging das Gerücht um, der Prinzregent tue es jetzt seinem Vater nach, er liege in den Banden einer schönen Frau. Er verberge aber sein Glück, natürlich der bevorstehenden Hochzeit wegen. Doch das Geheimnis hatte zu viele Mitwisser, bald sickerte durch, die Betreffende wohne in der Via Maggio, wohin sich Don Francesco jeden Abend geschenkbeladen begebe. Und so weiter.

Herzog Cosimo auf seinem Landsitz Castello erfuhr durch sein ausgedehntes Horcher-System alles, was in der Stadt Florenz wie in der ganzen Toskana vorging. Er fragte den alten Protonotar Cavelli, der sein lebenslanger Freund und Spezialberichterstatter war: „Was ist das für eine Dame, die meinen Sohn, wie man hört, am Gängelband führt?"

„Leider ist wenig über sie bekannt, Hoheit. Sie soll goldblond und sehr schön sein und aus Venedig stammen. Manche vermuten, daß sie über Zauberkünste verfüge."

Der Herzog lächelte. „Eine Zauberin aus Venedig also. Gut, gut. Auf alle Fälle, es scheint, sie versteht es, einen Mann aus meinem Sohn zu machen und ihm Schliff beizubringen. Man lasse sie gewähren, ich bin ihr wohlgesinnt."

VIII

Freunde und Feinde

Der Heiratskontrakt mit dem österreichischen Hof war abgeschlossen worden, im Dezember fand die Hochzeit Don Francescos mit Johanna, der Kaisertochter, mit großem Gepränge statt. Bianca nahm natürlich an den Festlichkeiten nicht teil, auch nicht an der Zeremonie im Dom, wo der Erzbischof von Florenz das junge Paar einsegnete. Mamina war dort, sie sagte, vor Menschengedränge habe man fast nichts sehen können, nur daß die Braut ganz in Weiß gewesen und Don Francesco in Schwarz und Gold sehr würdig einhergeschritten sei. Der Gesang sei sehr schön gewesen und auch das Glockenläuten, und viele Frauen hätten geweint. Dann hatte sich der Hochzeitszug in den Palazzo vecchio begeben, wo das Paar zunächst wohnen sollte. Es vergingen zwei Wochen, bis Francesco eines Abends wieder zu Bianca kommen konnte. Er sah blaß und niedergeschlagen aus und ließ sich stöhnend in einen Stuhl sinken. „Ach Bianca, Bianca, die ganze Zeit über habe ich mich nach Euch gesehnt, so lange war ich nicht bei Euch, so lange. Immer habe ich dieses Zimmer vor mir gesehen, den warmen Kerzenschein, das Flackern im Kamin und Euch, wie Ihr zwischen den bunten Kissen sitzt in Eurem schönen

Kleid und mich so lieb anschaut." Sie schloß ihn in die Arme, und er klammerte sich an sie, in seiner Umarmung lag etwas von der schluchzenden Freude eines Kindes, das sich nach langer Trennung an die Mutter schmiegt.

„Es war schlimm", erzählte er dann. „Immer repräsentieren, vor den Leuten stehen, Hochrufe hören, die einem in den Ohren gellen, immer ein Gesicht machen müssen, als sei man wunders wie fröhlich und zufrieden. Die Braut? Ach, Gott, Bianca, sie ist bleich wie Käse und unansehnlich, mager und krumm. Sie ist achtzehn Jahre alt und spricht mit einer Stimme wie eine alte Frau. Sie wollte unbedingt, daß wir gemeinsam auf den Knien beten sollten, ehe ich zu ihr ins Brautbett steigen durfte. Ob Ihr es glaubt oder nicht, sie betete mehr als eine halbe Stunde lang, es war kalt im Raum, wie es eben im Palazzo vecchio überall und immer kalt ist – meine Knie auf dem Steinboden erstarrten zu Eis, ich zitterte wie Espenlaub..."

Bianca mußte lachen. „Ach, mein armer lieber Herr!" rief sie aus. Sie konnte sich nicht helfen, es befriedigte sie sehr, daß die Österreicherin ihn nicht „in ihren Bann" geschlagen hatte.

„Sie ist mir widerwärtig, ich verabscheue sie", stöhnte Don Francesco.

„Das wird sie nicht erfreuen."

„Sie behauptet, mich zu lieben. Dabei weiß sie gar nicht, was Liebe ist. Sie lag wie ein kalter Fisch in meinen Armen. Ach, schweigen wir davon. Ich bin bei Euch, und schon ist alles wieder besser."

Es werde jetzt eine Reihe von Festlichkeiten geben, erzählte er später. Herzog Cosimo, der noch in der Stadt sei, habe das angeordnet. „Und jetzt, Bianca, werdet Ihr teilnehmen, ich bestehe darauf."

Er drängte sie, auf einen der Bälle zu gehen, aber sie wußte, er würde sie dort in einer Weise auszeichnen, die keinen Zweifel an seiner Stellung zu ihr zuließ. Ein Affront gegen die junge Erbprinzessin mußte aber vermieden werden, mindestens solange ihr Brunder, der Erzherzog Ferdinand, der sie mit einem großen Gefolge von Edelleuten herbegleitet hatte, noch in Florenz war. Bianca erklärte das Don Francesco, der es, wenn auch ungern, einsah.

Doch als nach der Abreise der Wiener Gäste die Festlichkeiten fortgesetzt wurden, erschien Bianca wirklich auf dem Hofball.

Sie mußte als Pieros Gattin auftreten, das ging natürlich nicht anders. Da Piero ja pro forma ein Hofamt bekleidete, war er berechtigt, am Hofball teilzunehmen. Er zweifelte auch selbst keinen Augenblick an seiner Gleichberechtigung mit all diesen hochgestellten Leuten, die er im Rausch als „hochmütiges Pack" zu bezeichnen pflegte. Als der Herold „Messer Piero de' Buonaventuri mit Gattin" angekündigt hatte, führte er Bianca an der erhobenen Hand in den kerzenhellen Saal. In Samt und Damast bildeten sie ein blendend schönes Paar, dem die Gäste bewundernd nachsahen, als sie den ersten feierlichen Eröffnungstanz miteinander schritten.

Bianca trug ein kleines Diadem im leuchtenden Haar und um den Hals einiges von dem kostbaren

Schmuck, den Francesco ihr geschenkt hatte, nicht zuviel, so wie ihr Kleid zwar von erlesener Schönheit, aber nicht grell in der Farbe und eher einfach gehalten war. Mochte Piero sich wie der Emporkömmling benehmen, der er war, sie hatte sich vorgenommen zu zeigen, daß sie sich Bescheidenheit leisten konnte.

Den nächsten Tanz schritt sie an der Hand des jungen Hofherren, den Francesco ihr schon früher vorgestellt und als seinen Freund bezeichnet hatte.

Erst dann durfte Don Francesco, der so tat, als sei er jetzt erst auf diese neue Schönheit aufmerksam geworden, sie sich vorstellen lassen. Er sprach ein paar Worte mit ihr, die sich tief vor ihm verneigte, dann führte er sie zum Tanz.

Die Trompeten und Pauken erklangen in rascherem Rhythmus. Die Paare drehten sich umeinander, entfernten sich, grüßten sich, trafen wieder zusammen. Bianca wand sich unter Francescos erhobenem Arm durch, er führte sie nicht ungewandt, seine Augen strahlten sie an. „Ich bin glücklich", flüsterte er. „Ich auch", antwortete sie lächelnd.

Es stimmte. Ein starkes Glücksgefühl durchströmte sie. Dies war es, was sie ersehnt, was sie erreicht hatte. An Francescos Hand im Lichterglanz zu tanzen, hier, im Palast der Herzöge von Toskana, gleichberechtigt, gesehen von vielen Augen, in denen Bewunderung stand. Sie strahlte in ihrem Triumph. Sie merkte, daß ein Flüstern umlief, die Frage, wer diese unbekannte Dame wohl sei, an der der schüchterne Frauenfeind Don Francesco ein so offensichtliches Gefallen finde.

Die Erbprinzessin Johanna, die zwischen ihren Damen erhöht saß und zusah, ließ sich Bianca vorstellen. „Ihr seid sehr schön, junge Frau“, sagte sie mit schwacher, heiserer Stimme und in schlechtem Italienisch. „Ihr scheint gerne zu tanzen.“

„O ja, Euer Hoheit“, antwortete Bianca, „es macht Freude, sich in solch erlesener Gesellschaft und bei schöner Musik zu drehen und im Reigen zu gehen.“ Und indem sie die ganze herzliche Freundlichkeit, zu der sie fähig war, in ihre Stimme und in ihr Lächeln legte, setzte sie hinzu: „Eure Hoheit sollten auch tanzen.“

Das aber empfand Johanna von Österreich sichtlich als unverschämte Anmaßung. Sie reckte sich ein wenig auf. „Ich tanze nie“, sagte sie eisig. Und dann fügte sie ein paar hervorgestoßene Worte hinzu: „Gefallsucht ist eine Eigenschaft, die dem Himmel nicht wohlgefällt.“ Dann winkte sie Verabschiedung und wandte sich mit einer Frage an eine ihrer Damen.

Bianca zog sich mit einer Verneigung zurück.

Francesco schritt auch den nächsten Reigen mit ihr. Als der Tanz zu Ende war, flüsterte sie ihm zu: „Geht jetzt zu Eurer Frau und plaudert ein wenig mit ihr. Sie wird sonst eifersüchtig werden.“

„Das ist sie schon“, antwortete Don Francesco lachend, gehorchte aber wie immer Biancas Befehl.

Er kehrte bald zu Bianca zurück. „Sie ist unleidlich“, stieß er mit zusammengezogenen Brauen hervor. Seine Gattin hatte ihn ebenso kurz abgefertigt wie zuvor Bianca.

Ja, Johanna, die junge Erbprinzessin, war eifersüchtig. Sowenig wie den anderen Anwesenden war ihr entgangen, wie eifrig ihr Gatte die blonde Schöne auszeichnete und welche Vertrautheit bereits zwischen ihm und ihr herrschte.

Festlichkeit folgte auf Festlichkeit, und immer war Bianca anwesend und tanzte leicht und anmutig mit den jungen Männern, die ihr entzückt huldigten, und so oft es möglich war mit dem Prinzregenten. Natürlich wußte nun jeder, wer die schöne Dame war, von der das Gerücht gesprochen hatte. Don Francesco hatte gar keine Lust mehr, zu verbergen, wie er zu Bianca stand. „Die Zeit des Versteckspiels ist vorüber“, sagte er.

Bianca war die Königin dieser Feste. Sie empfing Komplimente über Komplimente, kleine Aufmerksamkeiten, Blumen. Wer einen Tanz mit ihr schreiten durfte, sagte, daß er sich glücklich schätze.

Johanna von Österreich saß verlassen mit grämlichem Gesicht abseits zwischen ihren Damen. Sie liebte ein strenges Zeremoniell, daß hier in Florenz bei den Festen ein freier, heiterer Ton herrschte, schon das allein erregte bei ihr Empörung. Dazu kam nun noch, das wie sie fand, „schamlose Benehmen“ dieser Venezianerin. Manchmal verließ sie ostentativ den Saal. Die Bianca umschwärmten, kümmerten sich nicht darum. Auch Don Francesco nicht. Und Bianca gab es auf, ihn zu seiner Frau zu schicken. Sie genoß diese Tage und Nächte, sie genoß es, daß man ihr huldigte und daß Francesco sie seine Königin nannte.

Sie erkannte: bisher war es so gewesen, daß der größte Teil der Hofgesellschaft Francesco heimlich oder sogar offen belächelt und ihn für einen ungeschickten Dümmling gehalten hatte. Nur ein kleiner Kreis, der sich um die Marchesa Mondragone und ihren Gatten gesammelt hatte, verteidigte ihn und stand ihm treu zur Seite. Jetzt war es Johanna, um die sich ein Kreis von Getreuen bildete in Mitgefühl und Empörung über die Vernachlässigung, die sie erleiden mußte. Der größte Teil, vor allem die jungen Männer, huldigte Bianca, und von der Verehrung, die sie genoß, fiel auch ein Strahl auf Don Francesco. Man rühmte seinen Geschmack und gab zu, daß er unter Biancas Einfluß an Männlichkeit gewonnen hatte und sogar ziemlich gut tanzte. Ihr Zauber wirkte in steigendem Maß, Heiterkeit und Schönheit herrschten in dem Kreis, der sie umgab, sie regte junge Dichter zu Sonetten an. Natürlich drängten sich auch Bittsteller an sie heran. Man wußte jetzt, daß Don Francesco ihr jede Bitte erfüllte, und so kamen Männer und Frauen mit allerlei Anliegen zu ihr, um sie um ihre Fürsprache zu ersuchen. Mit immer gleichem Entgegenkommen tat sie, was sie konnte. Sie trug Francesco die Bitten vor, und er gewährte sie, soweit es immer möglich war. Das vermehrte die Zahl von Biancas Anhängern und trug ihr Ruhm und dankbare Freundschaft ein.

Bianca hatte sich vorgenommen, durch Freundlichkeit und Hilfsbereitschaft auch die für sich zu gewinnen, die ihr mißtrauisch oder feindselig gegenüberstanden. Sie gab sich Mühe, gerade denen, die sich um die vernachlässigte Prinzessin geschart hatten, gefällig zu sein. Halbversteckte Herausforderungen erwiderte sie mit unschuldigem Lächeln, so als habe sie nicht verstanden, daß man ihr nicht wohlgesonnen sei. Doch merkte sie, daß trotzdem die Klagen Johannas wirkten. Man hinterbrachte ihr, daß im Volk mehr und mehr Mitgefühl für die Österreicherin, „die arme, so fromme und gute junge Dame“ zu merken sei. Das Wort „die Zauberin aus Venedig“, das, im Kreise ihrer Verehrer aufgekommen, zunächst nur Bewunderung ausgedrückt hatte, wurde längst schon auch in anderem Sinn gebraucht. Die Marchesa Mondragone, die Bianca immer noch wohlgesonnen war, warnte sie. „Es gehen die unsinnigsten Gerüchte über Euch um, meine Liebe, ausgestreut von jenen, denen die Erbprinzessin vorjammert. Ihr sollt in Venedig bei einem berühmten Magier die schwarze Kunst studiert, den Prinzregenten durch Zauberkünste verhext und ihn mit Liebestränken gezwungen haben, Euch in allem zu dienen. Don Francesco sollte die Apanage der Frau Erbprinzessin erhöhen, man sagt, sie darbe, während alles vorhandene Geld Euch zufließe. Zu einer Bettlerin soll sie gesagt haben: ‚Du hast an die falsche Tür geklopft. Geh zur Venezianerin, die den Geldbeutel meines Gatten zu öffnen versteht.‘ “

„Ich bitte Euch, gebt ihr, was sie braucht“, sagte Bianca zu Don Francesco.

„Sie hat, was sie braucht“, antwortete er ärgerlich. „Wenn sie freilich all ihr Geld in die Opferbüchsen der Kirchen steckt, die Priester bezahlt, daß sie ihren Jammer in alle Welt hinaustrompeten..."

Die Apanage Johannas wurde erhöht, aber die Klagen hörten nicht auf. Johanna fand sich nicht ab. Sie kämpfte gegen ihre Nebenbuhlerin, indem sie jedermanns Mitleid anrief.

Die Fastenzeit beendete die Hoffeste. Bianca veranstaltete nun gesellige Abende in ihrem Hause. Francesco bestimmte, wer teilnehmen durfte. Es war ein kleiner Kreis von Menschen, denen er vertraute. Einige Künstler waren dabei, der Hofmaler Bronzino, ein alter, kluger Herr, der jüngere Alessandro Allori, den Francesco beauftragt hatte, Bianca zu malen, und hie und da kam sogar Vasari, der hochgeschätzte Alleskönner, der zur Zeit einen großen Bau für die städtischen Ämter, die Uffizien, an den Palazzo vecchio anbaute und in diesem die Decke des großen Saales ausmalte. Dichter waren da, Gelehrte, ein Alchimist und ein paar junge Edelleute mit ihren Frauen.

Francesco zeigte vor, was er in letzter Zeit an Gemälden oder Antiken hatte erwerben können, und man bewunderte und beurteilte die Werke, redete über Kunst, diskutierte, andere Themen wurden angeschlagen, religiöse, philosophische Fragen erörtert. Man sprach über den Einfluß der Planeten auf die menschlichen Schicksale, über die Stellung von Sonne, Mond und Erde und die neuen astronomischen Systeme, Sonette des Dichters Tasso wurden vorgelesen, man ereiferte sich bei der Frage, ob der unglückliche Dichter ein Irrer sei oder nicht, und gelangte dabei zu der neuen Theorie eines Arztes, der behauptet hatte, daß periodischer Irrsinn heilbar sei. Man sprach über Heilmittel, über Kräuter, Salben, Bücher und behandelte die Frage, ob das Auflegen der Hände auf Wunden und das Berühren von Reliquien Heilungen hervorrufen könne oder nicht.

Bianca sah, daß Francesco an diesen Abenden glücklich war. Hier war er in seiner Welt, und wenn sein langsam arbeitender Verstand auch nicht alles zu erfassen vermochte, was hier oft nur im Fluge gestreift wurde, so fand er doch immer etwas Neues, das seinen regen Wissensdurst befriedigte.

Bianca war auch hier die Königin. Sie erfaßte schnell, sah immer sofort das Wesentliche, das, worauf es ankam. Mit klarer Logik wußte sie das Unmögliche vom Möglichen zu scheiden, und ihr Urteil traf stets ins Schwarze. Dabei drängte sie sich nicht vor, sie wartete meist, bis man sie fragte, sie sagte lächelnd, davon verstehe sie ja eigentlich nichts... Sie wollte nicht klüger erscheinen als alle diese gescheiten Männer, aber sie merkten es doch, verziehen es ihr aber und bewunderten ihren Geist, wie Francesco es tat. Sie war zu schön, man konnte ihr nicht übelnehmen, daß sie außerdem noch ebensoviel Verstand hatte wie ein Mann.

Aber die Gegner wühlten weiter. Francesco erhielt aus Rom einen Brief seines Bruders Ferdinando, in dem in halbversteckten Wendungen auf Francescos Liebesglück und auf die unzulässige Kaltstellung seiner angetrauten Gemahlin angespielt wurde. „Er soll sich an seiner eigenen Nase zupfen“, rief Francesco zornig aus, „ist noch ein Milchbart und will meinen Mentor spielen? Dabei verschwendet er unser Geld, daß es zum Verzweifeln ist. Ich werde ihm die Zuwendungen, die er allmonatlich von mir erhält, sperren und ihn lehren, sich in meine Angelegenheiten zu mischen."

In der Osterzeit gab es Festlichkeiten anläßlich Don Francescos 25. Geburtstages. Dazu erschien Donna Isabella, Francescos Schwester, die Gattin des Fürsten Paolo Orsini von Bracciano. Sie war ein entzückendes Geschöpf, leicht und schlank mit hellem, wahrscheinlich aufgehelltem Haar und lachenden Augen, ganz und gar verschieden von ihrem Bruder. Sie gefiel Bianca auf den ersten Blick, ihr Gatte dagegen, ein düster blickender, korpulenter Mann, flößte Bianca sofort Mißtrauen und ein gewisses Grauen ein.

Bianca wurde dem Paar vorgstellt. Der Orsini richtete ein paar gleichgültige Worte an sie, die anmutige Isabella blickte sie neugierig an, machte ihr dann einen schnippischen Knicks und drehte ihr den Rücken.

„Sie ist mir nicht um den Hals gefallen, wie Ihr prophezeit habt", sagte Bianca später zu Francesco.

„Sie ist eifersüchtig auf Eure Schönheit", knurrte er mißgelaunt.

„Das hat sie nicht nötig, reizend und allseits umschwärmt, wie sie ist. Sie hat die Verleumdungen gehört, die über mich ausgestreut werden, ebenso wie Euer Bruder in Rom."

Johanna von Österreich war schwanger. Das wurde im Lande viel besprochen. Man hoffte auf den Erben. Gebar sie ihn, so würde sich Francesco

Cosimo I. mit der Krone
des Großherzogs der Toskana

ihr zuwenden müssen, ob er wollte oder nicht. Er konnte es nicht auf einen Konflikt mit all seinen Verwandten und womöglich mit dem Kaiserhof ankommen lassen.

Eines Tages kam Herzog Cosimo unerwartet nach Florenz. Er wohnte im Palazzo vecchio, betrachtete sich die Deckengemälde Vasaris und prüfte die Ausgabenbücher des Staatshaushalts nach.

Francesco kam zu Bianca. Er war sichtlich aufgeregt und stotterte ein wenig. „Mein Herr Vater will Euch sprechen."

„Mich?"

„Er hat mir eine ernste Predigt gehalten. Auch ihm hat man die Gerüchte über Euch zugetragen, natürlich."

„Ihr werdet mich fortschicken müssen", sagte sie leise.

„Nie, nie. Mag mein Herr Vater sagen, was er will. Ich breche mit ihm, ich gehe mit Euch. Was bedeutet mir Florenz, was die Toskana?"

„Das dürft Ihr nicht sagen."

Sie behielt den Kopf oben. Niemand hätte ihr angesehen, wie sehr ihr Herz klopfte, als sie das prächtige Zimmer betrat, in dem Herzog Cosimo sie allein zu sprechen wünschte.

Er trat ihr entgegen, ein noch immer schöner Mann mit dunklem, gepflegtem Bart und Francescos Augen. Obwohl er nicht besonders groß war, wirkte er mit seiner gebieterischen Haltung imponierend.

Sie versank in eine tiefe Verbeugung.

Er berührte leicht ihren Arm, um sie aufzuheben. Sein forschender Blick glitt über ihre Gestalt und heftete sich dann auf ihr Gesicht. Sie sah ihm ruhig in die Augen.

„Die Berichte haben nicht gelogen", sagte er. „Ich verstehe meinen Sohn. Setzen wir uns."

Sie saß ihm gegenüber. Sie lächelte. „Eure Hoheit mißbilligt also die Wahl Eures Herrn Sohnes nicht?"

Erstaunt über ihre Kühnheit hob er die Brauen. Aber dann lächelte auch er. „Durchaus nicht. Ich hätte meinem Sohn, offen gestanden, nicht soviel Geschmack zugetraut."

‚Er ist ein Kenner', dachte sie. ‚Er lebt selbst mit einer jungen Frau, die sehr schön sein soll. Was könnte ich von ihm zu befürchten haben?' Doch ihr Aufatmen zeigte sie nicht.

Er lehnte sich würdevoll zurück. „Madonna, ich habe nicht die Absicht, das Liebesglück meines Sohnes zu zerstören. Soweit ich sehen kann, wirkt Euer Einfluß günstig auf ihn ein. Ihr seid weltklug, gewandt und beweglichen Geistes..." – ‚Woher will er denn das wissen?' dachte sie – „... alles das, was mein Sohn nicht ist. Ihr seid geeignet, ihn zu führen und den Fürsten aus ihm zu machen, der er notwendigerweise werden muß. Leider ist es nun aber so, daß die Erbprinzessin Johanna alle Welt mit ihren Klagen behelligt. Sie hat sich auch an mich gewandt. Unklugerweise wird sie auch ihren Gatten noch mehr zurückstoßen, indem sie ihm Vorwürfe macht. Hier liegt die Schwierigkeit. Sollte sie sich auch an Wien wenden, können wir diplomatische Verwicklungen gewärtigen. Und sollte sie den ersehnten Erben zur Welt bringen, könnten Unruhen im Volk ausbrechen, und diese würden sich dann hauptsächlich gegen Euch richten."

„Ich bin bereit, mich zurückzuziehen", sagte sie ruhig. Sie gab ihm an Würde und Sicherheit nichts nach.

„Ich sagte Euch schon, daß ich das nicht wünsche. Ich wünsche, daß Ihr Euch zurückhaltet. Vermeidet öffentliche Triumphe. Don Francesco verhält sich wie ein unreifer Knabe in seiner einseitigen Schwärmerei für Euch. Es ist für einen Mann in solchem Fall durchaus möglich, das eine zu tun und das andere nicht zu lassen. Wenigstens Ihr seid vernünftig, wie ich sehe. Benutzt Euren Einfluß auf ihn dazu, ihm in dieser Sache Vernunft beizubringen."

„Ich habe es versucht. Es ist nicht leicht, Hoheit."

Er lächelte wieder, es war ein schönes, kühles Lächeln, das ihr gefiel. „Ich glaube es. Aber ich traue Euch zu, daß Ihr hier doch einiges erreichen könnt, wenn Ihr wollt."

„Ich werde tun, was ich kann, Hoheit." Sie erwiderte sein Lächeln.

Er erhob sich. „Ich bin sicher, Ihr werdet Erfolg haben."

Als er sie verabschiedete, blickte er ihr voll in die Augen. Sie spürte ein kleines Bedauern in seiner Stimme, als er sagte: „Bianca Cappello, es hat mich gefreut, die Zauberin aus Venedig kennenzulernen." Hellsichtig erkannte sie, was er verschwieg:

‚Schade. Francesco würde mich eher erdolchen, so wie ich ihn kenne, als mir diese Frau zu überlassen.'

Sie selbst dachte, während sie den Hof des Palazzo durchschritt: ‚Das ist ein Mann! Der erhabene Zeus persönlich.' – Für einen Augenblick bedauerte auch sie, daß nicht er es gewesen war, der sie aus Not und Elend errettet hatte.

IX

Piero

Die Befehle des Vaters und die Bitten Biancas brachten es schließlich zuwege, daß Don Francesco sich mehr seiner Gattin widmete. Er verbrachte täglich einige Zeit in ihren Gemächern, und man sah ihn mit ihr ausfahren und beim Hochamt im Dom an ihrer Seite knien. Abends allerdings kam er, wann immer er konnte, zu Bianca.

Bianca übte Zurückhaltung. Sie zeigte sich nicht mehr öffentlich an seiner Seite, und in diesem Sommer gab es kein gemeinsames Käfer- und Kräutersammeln im Mugello. Sie hatte wieder mehr Zeit für sich selbst. So spielte sie mit Pellegrina, die jetzt ein niedliches, dralles Persönchen von zwei Jahren war. Francesco hatte nun doch in Paris mechanisches Spielzeug aufgetrieben, das Bianca zu Pellegrinas und ihrem eigenen Vergnügen laufen und spielen ließ. Natürlich versäumte sie auch nicht, jedes Ding auseinanderzunehmen und wieder zusammenzusetzen.

Im September gebar die Erbprinzessin eine Tochter. Als Francesco Bianca die Nachricht brachte, zeigte sein Gesicht nur Mißmut.

„Also nicht der erhoffte Erbe“, sagte Bianca zu ihm. „Aber Ihr freut Euch doch sicherlich auch über Eure Tochter.“

„Durchaus nicht. Es ist ein erbärmliches Würmchen, ich schätze, es wird nicht lange am Leben bleiben. Rot und schrumpelig wie eine alte Frau ..."

Sie mußte lachen. „Aber so sehen alle Neugeborenen aus, mein lieber Herr."

„Die Euren würden nicht so aussehen, die Euren nicht", sagte er heftig und zog sie in seine Arme.

Nun, da Johanna geboren hatte, empfand es Bianca doppelt schmerzlich, daß sich bei ihr keine Schwangerschaft einstellen wollte. Immer wieder sprach Francesco von dem Kind, das er sich von ihr wünschte, und sie war nicht imstande, ihm den Wunsch zu erfüllen. Einige Male glaubte sie, es sei nun – vielleicht – doch soweit, aber die Enttäuschung folgte schnell genug. Sie fragte Ärzte um Rat, ließ sich von Kurpfuscherinnen „unfehlbare" Mittelchen geben, nichts wollte helfen. Sie war im Winter einige Male krank gewesen, vielleicht hatten die Kuren, die sie gebrauchte, schuld daran.

An den Festen dieses Winters nahm sie nur selten teil und nur an Pieros Hand. Johanna fehlte gänzlich, sie kränkelte seit der Geburt der kleinen Eleonora, die übrigens am Leben blieb und sich allmählich zu einem ganz ansehnlichen Kleinkind entwikkelte. „Ach was, meine Frau ist gar nicht krank, sie tut nur so, um mein Mitleid zu erregen", sagte Francesco zu Bianca.

Der Frühling kam, und sie saß wieder an den langen Tagen im Gärtchen. Wie in den vergangenen Jahren sah sie auch jetzt Piero vorübergehen, wenn er seine Wohnung verließ. Sie begegneten einander auch hie und da im Haus.

Bianca wußte, daß sich Piero durch sein hochfahrendes, prahlerisches Wesen, durch all das, was er sagte und tat, wenn er betrunken war, sehr unbeliebt gemacht hatte. Da er nun nur noch Frauen aus Patrizier- und Adelskreisen verführte, schuf er sich hier immer mehr Feinde. Er sollte bereits einige Duelle ausgefochten haben, aber stets Sieger geblieben sein. Duelle waren durch herzogliches Dekret verboten, aber den jungen Edelleuten waren sie nun einmal nicht abzugewöhnen, und die Polizei griff nur ein, wenn sie ausdrücklich gerufen wurde.

Bianca ärgerte sich darüber, daß sie ein Gefühl der Sorge nicht unterdrücken konnte, wenn sie von Pieros Raufhändeln hörte. Im vergangenen Winter war Mamina an einem hitzigen Fieber gestorben, ehrlich betrauert von Bianca, die sich soviel wie möglich um die alte Frau gekümmert hatte. Auch Piero hatte bei diesem Tod etwas Gefühl gezeigt. Als er und Bianca nebeneinander vor dem Sarg standen, hatte er plötzlich nach ihrer Hand gegriffen und sie mit einem Blick voll Trauer und Sehnsucht angesehen, der ihr zu Herzen ging.

Seither schien er eine Annäherung an sie zu suchen. Wenn sie einander begegneten, sprach er ein paar Worte, machte ihr auch wohl ein kleines Kompliment, ehe er weiterging. Bei den Hofbällen tanzte er häufig mit ihr, und sie ging nicht ungern an seiner Hand, war er doch offiziell noch ihr Gatte, tanzte gut und sah, obwohl sein Gesicht jetzt vom Trunk etwas gedunsen war, doch immer noch gut aus.

Er verbrauchte sehr viel Geld, und kam oftmals nicht mit seinem doch sehr ansehnlichen Gehalt aus.

Dann kam er unverfroren zu Bianca und forderte weitere Summen von ihr. Sie gab sie ihm. Als sie ihm aber einmal eine Zahlung verweigerte, brauste er nicht auf, wie sie erwartet hatte, sondern seufzte und sagte: „Du bist hart wie Stein, seit langem bist du das.“ „Ich?“ fragte sie dagegen. „Ich – wie Stein? Einmal hast du gesagt, ich sei ein liebes, kleines Kätzchen gewesen.“

„Das war in Venedig, das ist einige Jahre her“, wies er ab, „du hast dich verändert, Bianca, ich sagte es dir schon einmal.“ Er sah sie an und fügte hinzu: „Aber schön bist du immer noch.“ Dann ging er.

Von Biancas Wohnung im Oberstock führte eine schmale Hintertreppe in den Vorsaal hinab, an dem Pieros Zimmer lagen, und durch den Bianca gehen mußte, wenn sie in den Garten wollte. Die Treppe war unten mit einem Vorhang abgeschlossen. Als sie eines Tages, von oben herabkommend, den Vorhang teilte, stand Piero dicht vor ihr, es sah aus, als habe er ihr hier aufgelauert. „Du bist immer noch meine Frau“, sagte er mit schwerer Zunge. „Das hast du vergessen, wie? Ich habe Rechte an dich.“ Er griff nach ihr, aber sie spürte den Weingeruch, der ihr entgegenwehte und stieß ihn, von Ekel erfaßt, von sich, daß er ein paar Schritte rückwärts taumelte. „Du hast mich verkauft. Du hast keinerlei Rechte mehr an mich“, sagte sie schneidend.

Er lehnte an der Wand und starrte sie mit glasigen Augen an. „Hart wie Stein“, murmelte er. „War immer hart wie Stein …“

Sie ging an ihm vorüber.

Später schien er den Auftritt vergessen zu haben,

denn wenn er an ihr vorüberging, lächelte er sie von der Seite an mit dem gleichen Spitzbubenlächeln, das sie einst verführt hatte. Oder er strich sachte über ihren Arm.

Es war klar, daß er um sie warb. Sie nahm an, daß die Frau, mit der er zuletzt ein Verhältnis unterhalten hatte, ihn verlassen und daß er noch kein neues Liebchen gefunden habe. – ‚Wenn er glaubt, ich sei bereit, die Lückenbüßerin zu spielen, täuscht er sich', sagte sie zu sich selbst. ‚Was geht mich Piero heute noch an?'

Aber er warb weiter, und einmal, ein einziges Mal gab sie ihm nach...

Es war ein heißer Tag im Juli. Sie kam aus dem Garten und blieb aufatmend in der Kühle der steinernen Vorhalle stehen. Da legten sich zwei Arme um sie, und eine zärtliche Stimme flüsterte an ihrem Ohr: „Womit läßt der harte Stein sich schmelzen, mein Lieb? Denkst du nicht mehr an die alten, schönen, langvergangenen Tage und Nächte?"

„Als du so schön schmeicheln konntest", sagte sie, ohne sich loszumachen.

Er konnte es noch. Für eine kurze Weile vergaß sie alles, was zwischen jetzt und einst lag, noch einmal umspann sie der Zauber, der sie damals überwältigt hatte. Die alte Liebe war nicht tot, so tief sie sie auch hatte begraben wollen. Piero war nicht betrunken, er war weich, zärtlich, aber er vermochte hinzureißen, was Francesco nicht gegeben war. Nicht an Francesco denken, nicht jetzt. Sie war wieder in Venedig, siebzehnjährig, verliebt und unwissend. Sie hatte noch keine Not, kein Elend, keine Todesangst kennengelernt, war noch nicht weltklug geworden, kühl-wissend, eine geschickte Spielerin, die wußte, wie man eine Stellung hielt und ausbaute, wie man Menschen an feinen Fäden lenkte. Sie gab sich hin ohne Bedenken oder Gewissen. Sie liebte Piero, nur ihn, und alles andere war versunken.

Als sie spät am Abend in ihre Wohnung zurückkam, lag da ein Päckchen, das ein Bote aus Pisa gebracht hatte. Es war von Francesco, der im Auftrag seines Vaters Verhandlungen mit dem römischen Stuhl und dann dem Magistrat von Pisa geführt hatte. Sie öffnete es. Ein kleines Wachsbild hielt sie in der Hand, ein Porträt Francescos, fein und lebensähnlich gefertigt. Dabei lag ein Briefchen: „Geliebte Bianca, aus Pisa schicke ich Euch mein Bildnis, das unser Meister Cellini gemacht hat. Mit ihm nehmt auch mein Herz. Francesco."

‚Sein Herz braucht er mir nicht mehr zu schicken, das habe ich längst', dachte sie.

Sie betrachtete das Bild. Francesco versäumte nie, wenn er nach Rom kam, die Werkstatt des großen Künstlers und Schmiedes Cellini zu besuchen, der so viel für Florenz gearbeitet hatte. Sicher hatte er das Wachsbild für sie anfertigen lassen. Lieber, getreuer Francesco. Piero würde morgen nicht mehr an die heutige Liebesstunde denken. Er würde eine andere umarmen. Francesco dachte alle Tage nur daran, wie er ihr eine Freude machen konnte. Sie hatte ihm versprochen, sich gänzlich von Piero zu trennen. Sie hatte ihr Versprechen gebrochen. Sie hatte Francesco betrogen. Er würde es nie erfahren, aber nun schlug ihr Gewissen. Und dennoch ... Mit der Liebe war es nun einmal eine sonderbare Sache. Man verriet einen treuen Mann eines Lumpen wegen und fühlte nicht einmal Reue deshalb. Nur einen leichten, ganz leichten Gewissensbiß. Und ein wenig Mitleid – armer Francesco ...

Sie hatte Piero richtig eingeschätzt. Nach kurzer Zeit ging er wieder an ihr vorüber, ohne sie anzusehen. Er hatte eine neue Liebste, auf deren Eroberung er unendlich stolz war. Da er gerne mit seinen Erfolgen prahlte, wurde bald bekannt, wer die Auserkorene war: Cassandra Ricci, eine stadtbekannte Schönheit, Tochter eines sehr alten Patriziergeschlechtes, das sich auf seine Vornehmheit viel zugute hielt. Man hörte, Piero habe über den Stolz der Ricci gespottet und sie „Hähne auf dem Mist" genannt. Ja, er habe, betrunken, einem von Cassandras Brüdern ins Gesicht gesagt, seine Schwester sei eine hübsche Hure, in deren Bett es sich gut läge.

„Der Narr, der Narr", rief Bianca aus, als Francesco ihr von diesen Äußerungen Pieros erzählte.

„Es ist schlimm, wahrhaftig", fuhr er fort. „Die Ricci sind eines jener stolzen Geschlechter, denen noch wie in alter Zeit die Familienehre über alles geht. Sie werden sich dergleichen nicht bieten lassen. Die Cassandra ist eine leichtfertige Person, sie hat, seit sie Witwe ist, schon mehrere Liebschaften gehabt. Einen ihrer Liebhaber, einen jungen Edelmann, fand man unter ihrem Fenster erwürgt auf. Der oder die Mörder waren nicht zu ermitteln. Wenn Euer Gatte sich nicht in acht nimmt, rennt er in sein Unglück."

„Ich betrachte ihn nicht mehr als meinen Gatten“, sagte Bianca, wandte aber ihr errötendes Gesicht ab.

Nun, der Buonaventuri denn. Ich habe einen Kammerherrn zu ihm geschickt, der ihn warnen sollte. Er benahm sich ihm gegenüber flegelhaft und scheint Warnungen in den Wind zu schlagen. In den nächsten Tagen geht eine Gesandtschaft nach Frankreich ab, ich möchte ihn mitschicken, dann wäre er den Ricci aus dem Wege. Ich will keine Raufhändel und Mordanschläge in der Stadt, und der Herzog noch weniger.“

„Piero wird nicht gehen“, sagte sie. „Er wagt sich nicht aus dem schützenden Bannkreis von Florenz heraus. Noch ist ja nicht einmal sicher, ob das Todesurteil der Venezianer wirklich aufgehoben wurde.“

„Das stimmt – leider. Ich habe – nicht seinet-, aber Euretwegen – mehrfach nachgefragt, aber nur Ausflüchte zu hören bekommen.“

„Ich will mit Piero sprechen. Ich glaube, er ist zu Hause. Ich gehe sogleich hinunter.“

„Ihr glaubt, daß Ihr – daß Ihr immer noch Macht über ihn habt?“ fragte er leise und zögernd.

„Ich weiß es nicht. Aber – ich will versuchen... Wenn er nicht betrunken ist, nimmt er vielleicht Vernunft an.“

„Aber bleibt nicht zu lange“, sagte er, seine Papiere auf ihrem Tisch ausbreitend. „Es gibt noch einige wichtige Briefe zu schreiben.“ Sie formulierten seit einiger Zeit Briefe diplomatischen Inhalts gemeinsam. Francesco arbeitete am liebsten in Biancas Wohnung, wo er stets die Hilfe ihres scharfen

Verstandes und ihrer Geschicklichkeit im Formulieren heikler Stellen in Anspruch nehmen konnte.

Sie ging die kleine Treppe hinab. Doch als sie in die Vorhalle trat, kam Piero eben zur Außentür herein. Er schwankte und lehnte sich an den Türpfeiler. „Ah – schönste Dame?“ Leider war er betrunken.

Trotzdem ging sie auf ihn zu. „Piero, ich muß mit dir sprechen. Laß uns in deine Räume gehen.“

„Kannst auch hier sprechen, ist ja kein Mensch um den Weg. Was gibt's? Wird mein Gehalt erhöht? Es wäre an der Zeit.“

„Es handelt sich um deine unsinnige Liebesaffäre mit der Cassandra Ricci.“

„Ach du, ausgerechnet du, beliebst über unsinnige Liebesaffären zu reden, willst mir wohl gar Vorhaltungen machen – du – du?“

„Es geht um dich, Piero. Du hast die Ricci herausgefordert. Denke daran, daß …

„Was soll ich denn denken?“ fuhr er dazwischen. „Ich denke, was ich will, verstehst du? Bist du zu meiner Gouvernante bestellt?“

„Mit dürren Worten: Sie werden dich umbringen, wenn du nicht Vernunft annimmst.“

„Umbringen?“ Er stand mit gesenktem Kopf und murmelte kaum verständlich: „Ich werde sie umbringen, ich werde sie alle umbringen.“ Er richtete sich auf. In seinem glasigen Blick, der auf sie gerichtet war, glomm etwas Unheimliches auf. „Ich werde auch dich umbringen, du verdammte Hure“, preßte er zwischen den Zähnen hervor.

Sie wich zurück. Er löste sich von der Wand. „Jeder, jeder redet mir in meine Angelegenheiten drein“, schrie er. „Kommt da so ein gezierter Laffe von Hofmann zu mir und will mich im Auftrag deines edlen Herrn Liebhabers warnen. Ich hab ihm Bescheid gesagt. Kommt er noch einmal, werf’ ich ihn die Treppe hinunter. Und dir“, er stürzte plötzlich vorwärts, den gezogenen Dolch in der Hand, „dir schneid’ ich den Hals ab, verdammtes Weibsstück, wenn du noch einmal – noch einmal... Dir und deinem – deinem Bettgenossen...“ Er taumelte auf sie zu.

Sie stand unbeweglich und sah ihn an. „So renn’ in deinen Tod, betrunkener Narr“, sagte sie schneidend.

Während er zurückwich, ging sie zur Treppe und teilte den Vorhang.

Da stand, ein paar Stufen höher, Don Francesco. Er war weiß im Gesicht. „Laß mich vorbei! Ich werde diesem Lumpen...“ Er wollte sie zur Seite schieben.

Aber sie hielt ihn fest. „Nein, Francesco, nein“, flüsterte sie. „Laßt ihn! Kommt!“ Sie hatte gesehen, daß Piero außer dem Dolch ein Pistol im Gürtel trug. „Er ist bewaffnet, Ihr nicht. Laßt ihn.“ Sie zog Don Francesco fast gewaltsam die Treppe hinauf.

Unten hörten sie eine Tür zufallen. „Er ist fortgelaufen“, sagte Bianca aufatmend.

Sie hielt sich am Pfosten der Treppe fest, senkte den Kopf und schluchzte leise.

Francesco beugte sich vor. „Du weinst?“ Es kam

Die Treppe im Zimmer der Bianca Cappello, Villa Poggio a Caiano

äußerst selten vor, daß Bianca in Tränen ausbrach. „Warum?"

„Ich habe Angst um Euch gehabt", flüsterte Bianca.

Er schloß sie in die Arme und führte sie in ihr Wohngemach zurück. Sie faßte sich schnell und trocknete sich die Augen. „Man kann ihm nicht helfen", sagte sie.

Francesco starrte mit zusammengezogenen Brauen vor sich hin. „Es muß etwas geschehen", murmelte er. „Dieser Mann ist gefährlich."

„Ich zweifle nicht daran, daß etwas geschehen wird", sagte sie traurig. „Auch ohne Euer Zutun, mein lieber Herr."

Sie hörte später, daß Piero wie ein Rasender die Via Maggio entlang gerannt sei. Bei der Bildsäule vor der Kirche von Santa Trinità traf er auf einen Verwandten der Cassandra, der dort im Gespräch mit zwei anderen jungen Edelleuten stand. Schon von ferne hatte Piero ihm zugerufen: „Du bist auch einer von denen, die sich das Maul über mich zerreißen." Jetzt stürzte er auf den Ricci zu, das Pistol mit gezogenem Hahn in der Hand. „Sagst du noch ein einziges Wort über die Cassandra und mich, so knalle ich dich nieder wie einen tollen Hund", schrie er.

Der Ricci war totenblaß geworden, antwortete aber nicht. Die beiden anderen Edelleute wollten dazwischen springen, doch Piero richtete das Pistol auch auf sie. „Ich knalle Euch alle nieder, keiner kommt mit dem Leben davon."

Vorübergehende liefen herzu, jemand rief nach der Polizei. Da machte Piero kehrt und rannte davon.

Von der Marchesa Mondragona, die Bianca am Abend aufsuchte, erfuhr sie, zwei Mitglieder des Hauses der Ricci hätten zusammen mit zwei anderen Adligen am Nachmittag im Palazzo ducale vorgesprochen, man habe sie längere Zeit auf der Gartenterrasse mit dem Regenten auf und abgehen sehen.

Francesco kam an diesem Abend nicht zu Bianca. Sie schlief unruhig, von unklaren Ahnungen gequält. Mitten in der Nacht fuhr sie auf: Da war irgendwo Lärm – er drang zum offenen Fenster herein, von fern, doch deutlich in der Stille der Nacht – Schreien, Waffenklirren. Sie glitt vom Lager und lief ans Fenster. Ihr Herz klopfte heftig – ‚Piero', dachte sie, ‚Piero…' Sie suchte ihre Kleider, warf den Unterrock über…

Da stürzte die Zofe ins Zimmer, hinter ihr die Kammerfrau: „O gnädigste Frau, da wird vorne in der Gasse gekämpft – jemand hat geschrien – es klang grauenvoll…"

Bianca hob die Hand, die Frauen verstummten. Sie lauschten alle. Jetzt war es draußen totenstill. Dann hörte man wieder Stimmen. „Rosina, hilf mir mit dem Anziehen. Gregoria, du sendest sofort einige Leute aus, zu sehen, was es da gegeben hat. Die Diener sind doch auf? Ist der Herr Buonaventuri zu Hause?" Obwohl ihre Lippen zitterten, vermochte sie ruhig zu sprechen.

„Das wissen wir nicht, Euer Gnaden."

Die Kammerfrau eilte hinaus, die Zofe half in aller Hast, Bianca anzukleiden.

Dann gingen sie in die Vorhalle hinab. Bianca pochte an Pieros Türen. Niemand antwortete.

Aber schon kam einer der Diener zurück. Er keuchte vom schnellen Lauf. „O Euer Gnaden, ein großes Unglück. Der Herr Buonaventuri …"

‚Ich habe es gewußt', dachte Bianca, ‚ich habe es schon seit langem gewußt …'

„Er wurde überfallen. Viele Männer, so scheint es …"

„Tot?"

„Ja, Euer Gnaden. Es ist dort alles voller Blut. Er empfing viele Wunden, wie es scheint."

In diesem Augenblick kamen zwei weitere Diener durch den Garten herein, die einen Verwundeten führten. Es war Jacopo, ein Diener Pieros. Sein Arm war verbunden, das Blut schlug durch.

„Setzt ihn auf den Stuhl dort", befahl Bianca. „Kannst du berichten?"

„O ja, ja, gnädigste Frau. Die Leiche des Herrn …"

„Du hattest ihn begleitet?"

„Ja, Gnädigste. Der Andrea – Gott sei seiner Seele gnädig – und ich begleiteten in der letzten Zeit immer den gnädigen Herrn, wenn er nachts ausging. Er verbrachte den größten Teil der Nacht in dem Haus, Ihr wißt schon wo. Ein hübsches Gartenhaus am Hang, wir warteten draußen auf den Stufen. Als er herauskam, war der Mond schon untergegangen. Wir sahen keinen Menschen. Aber als wir über die Brücke von Santa Trinità gingen, hörten wir einen

Pfiff oder so etwas ähnliches. Der Herr blieb stehen. Wir horchten, es blieb still. Aber als wir dann in unser Gäßchen einbogen, stürzten sie aus dem Dunkel hervor und fielen über uns her, ein ganzer Haufen, zehn, zwölf, vielleicht mehr. Der Andrea stürzte sofort, er ist tot, Madonna. Ich bekam einen Stich in den Arm, ich fiel zu Boden und kroch zwischen ihren Füßen durch bis an die Mauer. Sie achteten nicht auf mich, sie kämpften alle mit dem Herrn Piero. Es war noch fast dunkel, ich konnte nicht viel erkennen, aber es war ein wilder Lärm und ein Klirren von Waffen und ein Gekeuch und Gestöhne, schrecklich anzuhören. Der Herr kämpfte wie ein Löwe, das ist sicher. Sein Pistol versagte, ich hörte das Schnappen des Hahns und wie er fluchte. Er trug seinen langen Degen, mit dem muß er um sich gestochen haben wie ein Wilder. Aber die Gasse ist so eng, und es waren ihrer so viele gegen ihn. Er muß etliche verwundet haben. Ich sah nicht, wie er fiel. Aber Leute mit Lichtern kamen von der Via Maggio her. Sie riefen laut, da liefen die Mörder davon. Sie verschwanden in der Finsternis, und sie waren alle fort, als die Männer mit den Lichtern heran waren, ein Apotheker aus der Via Maggio mit seinen Gehilfen. Der Apotheker kniete nieder, im Schein des Windlichts sah ich, daß er den Herrn Piero, der am Boden lag und röchelte, im Arm hielt und stützte. Ich raffte mich auf und ging herzu. Da war der Herr Piero schon gestorben. ‚Er ist tot', sagte der Apotheker. Er hatte viele Wunden, Madonna, und war voller Blut. Einer der Gehilfen verband meinen Arm. Da kamen Eure

Diener. Als sie mich wegführten, waren die Männer schon dabei, die Leiche fortzutragen. Es waren viele Leute herzugelaufen, ich glaube, die ganze Via Maggio ist jetzt auf den Beinen ...“ Der Mann schwieg. Trotz Aufregung und Blutverlust hatte er seine Erzählung mit dem ganzen rednerischen Feuer des echten Florentiners vorgetragen. Er gestikulierte sogar mit dem gesunden Arm. Offenbar genoß er es trotz allem, von einem so ungeheuerlichen Ereignis berichten zu können.

„Wohin – haben die den – Leichnam des Herrn Piero gebracht?“ fragte Bianca mühsam.

„In die Kirche von San Jacopo, gnädigste Frau. Das hörte ich sie sagen.“

„Ich danke dir. Leg dich jetzt nieder. Ruft einen Arzt“, sagte sie zu den Umstehenden, „damit er einen besseren Verband anlege. Bring mir mein großes schwarzes Tuch, Rosina.“

Rosina lief und kehrte mit dem Tuch zurück, das sie Bianca um Kopf und Schultern legte. Die Diener standen mit erschrockenen Gesichtern umher. Als Bianca die Tür zum Garten öffnete, rief der Haushofmeister: „Aber gnädige Frau, Ihr müßt eine Begleitung haben ...“

Bianca winkte ab, ehe er den Satz vollenden konnte. „Ich brauche keine Begleitung, bleibt hier.“

Es dämmerte draußen schon. Der Weg zur Kirche von San Jacopo war nicht weit.

Die Träger hatten die Leiche in der Sakristei auf einen Schragen gelegt. Ein Tuch war über den Körper gebreitet, Pieros Kopf ruhte auf einem zusammengefalteten Stück Tuch. Das Gesicht zeigte keine

Wunden, wachsbleich, bekannt und fremd zugleich, wirkte es nicht wie das eines im wilden Streit Gefallenen, sondern wie das eines ruhig Schlafenden. Der Tod hatte seine schönen Formen klar herausgearbeitet, es wirkte edler als im Leben, eine Locke fiel zerdrückt und feucht in die fein gewölbte Stirn.

Bianca stand davor, und die Tränen liefen ihr übers Gesicht. Sie wußte, dies alles war unvermeidlich gewesen. Piero, der Säufer, Raufer und Frauenheld mußte so enden, wie er geendet hatte. Keine Warnung hatte ihn erreicht, keine Hilfe hatte sie ihm geben können. Er war in seinen Tod gelaufen, wie sie es ihm prophezeit hatte. Nicht nur sich selbst hatte er gefährdet, sondern auch andere. Er hatte gedroht, ihr und Francesco den Hals abzuschneiden. Warum trauerte sie jetzt? ‚Ach Piero, Piero ... Mein Liebster ... Weißt du noch, damals? Wir waren aneinander gebunden für alle Zeit, daran konnte nichts, nichts etwas ändern. Nun bist du tot, Piero, und ich muß weinen.'

Als sie die Kirche verließ, füllte das graue Morgenlicht wie zarter Dunst die Gassen. Jetzt war ihr, als gleite sie wieder, von Pieros Arm umfaßt, durch die Nebel Venedigs der Freiheit entgegen. Um die Biegungen der Kanäle glitt die Gondel, sie schwebte traumhaft im unbestimmten, blaßgrauen Licht. Und Piero und sie waren eins, glücklich, ihrer Zukunft gewiß. Nie mehr, nie mehr war sie später so glücklich gewesen ...

Als sie aus ihrem Halbtraum aufschreckte, fand sie sich auf der Piazza nahe dem Palast des Regenten.

Die Diener, die sie empfingen, waren sichtlich sehr erstaunt, sie so in die Halle treten zu sehen, verweint, allein, ohne Mantel und Haube. Nein, seine Hoheit, der Regent war nicht zu Hause. Gestern sei er fortgeritten, auf eine seiner Villen, sie wußten nicht einmal, welche er hatte aufsuchen wollen. Und sie wußten auch nicht, wann er zurückkehren werde.

Sie ging wieder in ihr Haus. Da saß sie dann, starrte vor sich hin, sann und trauerte.

Noch am gleichen Vormittag kam eine zweite Schreckensnachricht ins Haus. Man hatte Cassandra Ricci mit durchschnittener Kehle tot in ihrem Bett aufgefunden. Die Mörder mußten kurz nach Pieros Weggang über das flache Dach des Gartenhauses und durch eine Falltür eingedrungen sein. Auch sie hatten, davon war jedermann überzeugt, im Auftrag von Cassandras Brüdern und Verwandten gehandelt. Die Familienehre der Ricci war wiederhergestellt.

X

Die Krone

Spät am Abend dieses Tages kam Don Francesco zu Bianca. Er sagte gleich: „Ihr seid im Palast gewesen und wolltet mich sprechen? Warum?"

„Ich wollte Euch um die Verfolgung der Mörder Pieros bitten", sagte sie mit gesenktem Kopf. Sie mochte sich nicht ins Gesicht sehen lassen, das noch immer Tränenspuren zeigte.

„Ich habe die Verfolgung sofort nach meiner Rückkehr aufnehmen lassen", versicherte er.

„Es ist anzunehmen, daß sie da schon nicht mehr einzuholen waren", sagte sie herb.

Er murmelte nach einem kurzen Schweigen: „Es war vorauszusehen, daß es so gehen würde. Ihm war nicht zu helfen."

Sie nickte. Sie war überzeugt davon, daß er von dem Mordplan gewußt und ihn vielleicht sogar gebilligt hatte. Daß er imstande gewesen sein sollte, selbst den Befehl zum Mord zu geben, das traute sie ihm nicht zu. Und auch keine selbstsüchtigen Beweggründe. Er hatte stillschweigend geschehen lassen, was ihn einer Sorge enthob. Denn er war Zeuge des Auftritts in der Halle gewesen und hatte für ihr, vielleicht auch für sein eigenes Leben gefürchtet. Und Piero war in der Trunkenheit tatsächlich unberechenbar gewesen. Sie verstand Francesco und trug ihm nichts nach. Piero hatte sein Schicksal herausgefordert und war ihm erlegen.

Man hörte nach einigen Wochen, daß die flüchtigen Mörder – Cassandras Brüder und ihr Neffe – mit ihren Leuten nach Frankreich entkommen waren. Ein anderer Verwandter, der offenbar in dem Kampf schwer verwundet worden war, blieb spurlos verschwunden. Erst übers Jahr wurde bekannt, daß Francescos Schwester Isabella, die zu dieser Zeit in Florenz wohnte, den Verletzten bei sich aufgenommen, gepflegt und schließlich mit Geld versehen nach Frankreich geschickt hatte.

Bianca trug Trauerkleider. Aber niemand glaubte, daß sie im Ernst um ihren Gatten trauerte. Man meinte, dieser Tod sei ihr gut zupaß gekommen, ja, es wurde gemunkelt, sie und Don Francesco hätten gemeinsam die Ricci veranlaßt, Piero Buonaventuri zu beseitigen, und die Verwandten der Cassandra lebten in Frankreich wie die Könige, da Don Francesco ihnen dorthin hohe Summen überweisen lasse.

Bianca wußte, daß dergleichen Francesco Meilen fern lag. Er war sparsam von Natur, nur für Bianca war ihm nichts zuviel, er überhäufte sie weiterhin mit Geschenken, und wenn sie für andere bat, so gewährte er sofort alles, was nur gewünscht wurde.

Er liebte es, sie in kostbaren Kleidern zu sehen, und unaufhörlich waren Schneiderinnen für sie an der Arbeit. So waren nun auch ihre Trauergewänder von ausgesuchter Schönheit, und der Schmuck, den sie trug, glänzte um so heller auf dem tiefen Schwarz. Sie tanzte in diesem Jahr nicht, doch präsidierte sie an den Abenden, die die erlesenen Geister der Toskana jetzt auch im Palazzo ducale vereinigte.

Johanna von Österreich hatte im November wieder eine Tochter geboren, die aber schon wenige Wochen nach der Geburt starb. Johanna kränkelte auch jetzt, und ihre unaufhörlichen Klagen machten es Francesco reichlich schwer, ihr auch nur hie und da einige Aufmerksamkeit zu schenken.

Die Florentiner gewöhnten sich allmählich daran, den Regenten und Bianca zusammen zu sehen. Er wollte nicht, daß sie sich zurückhielt, er wollte sie immer an seiner Seite haben, und sie erfüllte ihm den Wunsch, wie sie alle seine Wünsche erfüllte. Zu ihrer eigenen Verwunderung sehnte sie selbst sich nun immer mehr nach seiner Nähe, wartete mit Ungeduld auf seinen Schritt auf der Treppe, lief ihm entgegen, um ihn zu umarmen. Es war, als sei mit Pieros Tod eine Schranke gefallen, die sie bisher noch von dem getreuen Freund getrennt hatte. Jetzt fühlte sie eine echte, innige Liebe für ihn in sich wachsen. Die Erinnerung an die erste Zeit mit Piero, die zu seinen Lebzeiten doch noch verborgen in ihr gelebt hatte, verschwand jetzt. Nun gab es nur noch Francesco für sie.

Sie lebte für ihn. Alles, was sie tat, tat sie für ihn. Alle seine Interessen wurden auch die ihren. Was in der großen oder kleinen Politik geschah oder geschehen sollte, sprach sie mit ihm durch. Mehr und mehr wurde sie seine unentbehrliche Helferin. Den Herzog sah Bianca nicht wieder. Er hatte sich von der jungen Eleonora degli Albizzi, mit der er mehrere Jahre zusammengelebt hatte, getrennt. Eine andere Dame nahm nun ihre Stelle ein, Camilla Martelli, eine dunkle Schönheit, die den großen Mann, wie man sagte, stark unter dem Pantoffel hielt. Niemand hatte den Wechsel verstehen können. Die Albizzi waren eines der ältesten Adelsgeschlechter von Florenz, Camillas Vater dagegen verkaufte in der Via del mercato Spezereien und Süßwaren. Eleonora war sanft, lieblich und gütig gewesen, Camilla, in allem das Gegenteil ihrer Vorgängerin, sollte anmaßend, jähzornig und nach Art der Emporkömmlinge ehrgeizig und geldgierig sein. Aber der Herzog tat alles für sie. Er hatte die schöne Villa in Poggio a Caiano bei Florenz nach ihren Wünschen umbauen lassen und lebte dort mit ihr. Man hörte, die Gicht plage ihn sehr und er habe jetzt große Mühe mit dem Gehen.

Camilla war schwanger. Es hieß, sie prahle damit, sie werde dem Herzog einen Sohn gebären, und dann werde er sie heiraten. Bianca beneidete auch sie. Immer noch und immer mehr griff sie zu allerlei Mitteln, die ihr helfen sollten, schwanger zu werden. Den Ärzten schenkte sie kein Vertrauen mehr, sie wandte sich wieder an die „Kurpfuscherinnen und Quacksalberinnen“, wie Francesco diese Frauen nannte, die er nicht leiden konnte. Ende des Winters war Bianca wieder schwer krank gewesen, aber sie gab die Hoffnung, einen Erfolg zu erzielen, niemals ganz auf.

Die unsinnigsten Gerüchte über sie gingen in steigendem Maße in der Stadt und sogar im Land um. Man sprach von Giften, die die Venezianerin heimlich braue, von Versuchen, die arme „Regina Johanna“, wie die Erbprinzessin im Volk genannt wurde, zu vergiften, von Hexenkünsten und schwarzer Magie.

Bianca war der Meinung, sie müsse alles erfahren, was man über sie rede. Sie nahm sich das Spitzelsystem zum Muster, das Herzog Cosimo schon vor langem aufgebaut hatte, und das wie ein Netz Florenz und die Toskana überzog. Ebenso schuf sich nun Bianca, wenn auch in kleinerem Maßstab, einen Kreis aus Nachrichtenbringern, den ehemalige Diener und ergebene Freunde bildeten.

Zu den Festlichkeiten anläßlich Francescos siebenundzwanzigsten Geburtstags traf endlich auch sein Bruder Ferdinando in Florenz ein. So lernte ihn Bianca nun kennen, sie hatte schon viel über ihn gehört, auch Francescos offizielle Briefe an ihn stilistisch geformt.

Der Kardinal war noch keine zwanzig Jahre alt. Äußerlich das verjüngte Ebenbild Francescos, unterschied er sich im Wesen doch stark von seinem Bruder. Er trat liebenswürdig und gewandt auf und bot in seiner eleganten, weltlichen Kleidung das vollkommene Bild eines jungen Stutzers, wie die Weltstadt Rom sie zahlreich hervorbrachte. Wie die meisten Kardinäle versagte er sich nichts, was das Leben schön und angenehm machte. Die Villa Medici in Rom war berühmt für ihre heiteren, aufwendigen Feste und Gastmähler, vor allem aber durch die Fülle der Kunstwerke, Gemälde und antiken Skulpturen, die der Kardinal gesammelt hatte. Er war ein noch leidenschaftlicherer Sammler als

Francesco und stand mit allen bedeutenden Künstlern Italiens in Verbindung. Er feilschte nie um ein Bild wie sein Bruder, bezahlte großzügig und gab Unsummen aus.

Francesco machte ihn mit Bianca bekannt, er sah sie mit unverhohlener Neugier an, verneigte sich tief und machte ihr einige galante Komplimente, aber es schwang etwas wie Spott in seiner Stimme mit, sie spürte Mißtrauen und Abneigung und beschloß vorsichtig zu sein.

Ihrer Taktik gemäß begegnete sie ihm mit der größten Liebenswürdigkeit, kam sofort auf seine Sammlungen zu sprechen und verwickelte ihn in ein Gespräch über Kunst, das ihn so fesselte, daß er tatsächlich seine Abneigung gegen sie zu vergessen schien.

Durch Francesco erfuhr sie, daß ihm dieser die Zahlung von 20000 Dukaten, um die er gebeten hatte, verweigerte. „Wo kämen wir denn hin, wenn ich ihm alle Augenblicke seine gesamten Schulden bezahlte? In solch ein Loch ohne Boden werfe ich nicht immer weiter Geld, das kann ich nicht verantworten."

„Aber Lieber", bat sie, „Ihr seid selbst Sammler, versteht Ihr denn nicht? Seine Sammlungen steigen von Jahr zu Jahr im Wert und werden einst Florenz noch berühmter machen, als es so schon ist."

Mißmutig bereitete der Kardinal sich zur Abreise vor. Er verabschiedete sich von Bianca; sie hatte es so eingerichtet, daß sie allein waren. Sie plauderten, zuletzt sagte sie lächelnd und wie nebenbei: „Seid übrigens ohne Sorge, was Euer Anliegen beim

Regenten betrifft. Ihr könnt gewiß sein, Ihr werdet, wenn Ihr nach Rom kommt, das Gewünschte dort vorfinden.“ Er sah sie fragend an, lächelte dann auch und küßte ihr die Hand.

In seiner Villa in Rom fand er eine Anweisung auf 30000 Dukaten auf seinem Schreibtisch vor. Er schrieb einen entzückten Brief an Bianca, in dem er sie eine „gute Fee“ nannte.

Der Kardinal reiste in der folgenden Zeit hie und da nach Poggio a Caiano, um seinen Vater zu besuchen. Dann erschien er in der Stadt, sprach auch wohl bei der Erbprinzessin vor. Bianca sah ihn einige Male. Sie schrieben einander äußerst liebenswürdige Briefe, Bianca sorgte dafür, daß der Kardinal seine Geldzuwendungen erhielt, gab ihm aber auch Gelegenheit, ihr kleine Dienste zu leisten, für die sie dann überschwenglich dankte. So versuchte sie ihn in ein Netz gegenseitiger Verpflichtungen zu verstricken, war aber nicht sicher, ob es restlos gelang. Er konnte ihr gefährlich werden, wenn er sich auf die Seite Johannas stellte oder sie bei seinem Vater anschwärzte. Doch war davon bisher nichts zu bemerken. Der Herzog, ganz im Banne Camilla Martellis, die ihm eine Tochter geboren hatte, kümmerte sich nicht mehr um Francescos Abhängigkeit von Bianca, die er wahrscheinlich nur zu gut verstand.

Francesco hatte auf den Höhen nördlich von Fiesole, zwei Reitstunden von Florenz entfernt, ein Territorium gekauft, das verschiedene, in der Nähe gelegene medicäische Besitzungen abrundete. Er plante, dort einen prächtigen Landsitz zu errichten, den er, wie er sagte, nach seiner Vollendung Bianca schenken wollte. Ein schloßähnliches Gebäude war bereits im Bau, er und Bianca ritten oft dort hinauf, um die Fortschritte zu begutachten. Einen herrlichen Blick über das weite Land hatte man von der Höhe des Hügels, auf dem das Schloß entstand. Auch mit der Errichtung zahlreicher Nebengebäude wurde bereits begonnen. Wunderschöne Gartenanlagen sollten das Schloß umgeben. Alles wurde nach Biancas Wünschen angelegt, mit Eifer beriet sie sich mit den Architekten und verhandelte brieflich mit dem großen Meister Giambologna, der versprach, eine Kolossalstatue für den Ehrenhof zu schaffen.

Im März des Jahres 1570 kam eine Sache zum Abschluß, auf die Herzog Cosimo seit Jahren hingearbeitet und die ihn viel Geld und Mühe gekostet hatte: Papst Pius V. verlieh ihm für sich und seine Nachkommen die Würde eines Großherzogs von Toskana. Damit rückten die Medici in die Reihe der großen Potentaten-Geschlechter Europas ein. Es wäre eigentlich Sache des Kaisers gewesen, diese Rangerhöhung zu verleihen. Aber da Kaiser Maximilian zögerte und unerfüllbare Bedingungen stellte, hatte der Papst als fiktiver Oberherr der Toskana gewonnen werden können. Man konnte nun hoffen, daß auch der Kaiser seine Zustimmung nicht verweigern würde.

Die Krönung fand in Rom durch den Papst selbst statt. Mit großem Prunk und einem riesigen Gefolge zog Cosimo nach Rom. Seiner Schmerzen in den Beinen wegen mußte er zu der Zeremonie im Petersdom in einem Sessel getragen werden. Francesco zog an der Spitze des Gefolges mit, ihn begleitete natürlich Johanna, die sich nach der Geburt einer dritten Tochter soweit erholt hatte, daß sie die Reise bestehen konnte. Sicherlich bedeutete es eine Befriedigung für sie, daß Bianca zu Hause bleiben mußte, sie aber an der Seite des Thronfolgers alle fürstlichen Ehren genoß. Auch Isabella nahm mit ihrem Gatten an der feierlichen Handlung teil, ebenso Pietro, Francescos jüngster Bruder, der Page am spanischen Hof war und den Bianca noch nicht kannte. Ferdinando im vollen Ornat thronte zwischen den anderen Kardinälen an der Seite des Heiligen Vaters.

Nach seiner Rückkehr hielt der neue Großherzog im Palazzo vecchio zu Florenz einen feierlichen Empfang ab. Hier versammelten sich in der großen Sala de' Consiglio alle großen Adelsgeschlechter von Florenz, die Räte und Minister des Herzogtums, die hohe Geistlichkeit, die obersten Beamten und alle Mitglieder des Hofes. Es war eine glänzende Versammlung. Bianca stand zwischen den Hofdamen, während Johanna von Österreich an Francescos Seite auf dem Podium nahe dem Thronsessel des Großherzogs saß. Auch Camilla Martelli, die Cosimo noch immer nicht geheiratet hatte, mußte bei den anderen Damen stehen, was ihr sehr mißfiel. In ihrem hochroten Kleid und mit Schmuck überladen zog sie zwar alle Blicke auf sich, erregte aber allgemein Ärger, da sie mit bösem Gesicht immerfort Flüche und Drohungen vor sich hinmurmelte. Zuvor hatte es einen üblen Auftritt mit dem Zeremonienmeister gegeben, da Camilla durchaus einen Ehrenplatz in unmittelbarer Nähe des Throns beanspruchte. „Ich habe ihm ein Kind geboren“, hatte sie geschrien, „ich bin vor Gott seine Gemahlin. Und Ihr Esel wollt mir die Rolle einer gemeinen Hofdame zuweisen?“ Doch der Zeremonienmeister war fest geblieben, und nun stand die schöne Camilla da und fluchte, belächelt von allen Hofbeamten und Würdenträgern.

Auch Bianca lächelte in sich hinein. ‚Wie schlecht sie sich doch auf ihren Vorteil versteht‘, dachte sie. Selbst trug sie wie immer bei solchen Gelegenheiten ein Gewand aus teuren Stoffen und Spitzen, das aber durch seine zarte Farbe und einfache Machart nicht auffallend wirkte, dazu wenigen, sehr kostbaren Schmuck. Das einzig Auffällige an ihr war ihr wunderschönes, glänzendes Haar, von dem sie soviel wie immer möglich zeigte. Wer sie sah – und alle sahen sie –, der dachte: ‚Sie ist wirklich eine schöne Frau, und eine, die sich nicht vordrängt. Man kann – weiß Gott – den Regenten verstehen.‘ Francesco blickte manchmal herüber, winkte sogar verstohlen und lächelte ihr zu. Dann vertiefte sich ihr eigenes Lächeln, ohne daß sie im übrigen ihre Stellung nur im mindesten veränderte.

Auf zwei hohe Würdenträger gestützt, bestieg der Großherzog das Podium, während die ganze Versammlung in einer tiefen Verneigung verharrte. Erst ein Wink von Cosimos Hand erlaubte den Anwesenden, sich aufzurichten. Er saß nun aufrecht und königlich in seinem Purpurmantel auf dem Thronsessel, das Gesicht, das zwar schmaler geworden war, aber immer noch die würdevolle Schönheit zeigte, die ihm immer eigen gewesen war, in fast maskenhafter Ruhe der Versammlung zugewandt. Während Musik erklang, wurde ihm kniend die Krone gereicht, die er sich selbst aufs Haupt setzte. Sie hatte ungewöhnlich hohe, lange Spitzen, die im hereinfallenden Sonnenlicht auffunkelten.

„Ein Sonnengott!“ flüsterte eine Hofdame neben Bianca ganz verzückt.

Der Großherzog erhob sich. Man merkte nichts davon, daß ihm das Stehen Mühe machte. Er sprach nur kurz, sehr beherrscht und ruhig, ganz so, wie er immer gesprochen hatte, seit er die Regierung des Herzogtums Toskana übernommen hatte. Es gab unter den älteren Männern hier im Saal noch etliche, die sich der ersten Rede des siebzehnjährigen Cosimo bei seinem Regierungsantritt vor dreiunddreißig Jahren erinnerten. Sie hatte sich nur im Inhalt von der heutigen unterschieden, die Art und Weise war die gleiche geblieben. Heute wie damals stand da ein Mann, der wußte, was er wollte und sich darin nicht beirren ließ, der niemals Widerspruch oder gar Widerstand duldete und in ruhigem Selbstgefühl jedes Ziel erreichte, das er sich setzte. So hatte er auch jetzt diese Krone, nach der er von jeher gestrebt hatte, erlangt und trug sie mit der Würde dessen, dem sie von Rechts wegen gebührte.

Und doch – Bianca wußte es, wie alle Anwesenden es wußten – gab es eine Grenze für diesen eisernen Willen. Er versagte vor dem einer anmaßenden, herrschsüchtigen Kaufmannstochter aus der Via del mercato. Bianca dachte: ‚Wieviel Macht wir Frauen doch haben. Ich würde es nicht für möglich halten, wenn ich es nicht täglich selbst erführe. Es kommt aber darauf an, diese Macht so auszuüben, daß niemand merkt, wie groß sie ist.'

Ihr Blick haftete an den flimmernden Spitzen der Krone. – ‚Man kann Ehrgeiz haben, Camilla, aber man darf es nicht zeigen. Eine Krone – auch Großherzoginnen werden gekrönt... Dort sitzen an Francescos Seite, ihm rechtmäßig angetraut, Großherzogin von Toskana... Ein Ziel? Piero ist tot, ich bin frei. Francesco hat mir die Ehe versprochen, für den Fall, daß wir beide frei würden. Man hat mich verdächtigt, Johanna ermorden zu wollen. Nie würde ich daran denken, so etwas zu tun. Aber sie ist kränklich... Eines Tages vielleicht. Man muß warten können, Camilla, in aller Ruhe und Freundlichkeit – warten...

XI

Don Antonio

Großherzog Cosimo de' Medici starb im April des Jahres 1574. Seine letzten Lebensjahre waren trübe gewesen, die zunehmende Gicht quälte ihn sehr und machte ihn zum Sklaven der Martelli, die er drei Jahre vor seinem Tode endlich doch geheiratet hatte.

Sie spielte denn auch bei den pomphaften Feierlichkeiten zu seiner Grablegung in geschmacklosen Trauergewändern die schmerzgebeugte Witwe.

Francesco wurde Großherzog, Johanna Großherzogin. Bei all den Feiern und Festlichkeiten, die die ganze Toskana in Bewegung brachten, stand Bianca bescheiden beiseite.

Doch half ihr die zur Schau getragene Zurückhaltung nicht allzuviel. Die gehässigen Gerüchte über sie liefen nach wie vor in Stadt und Land um, genährt durch Johannas Kreaturen und, wie sie annahm, auch durch die des Kardinals.

Kardinal Ferdinando wohnte für einige Zeit in Florenz und half seinem Bruder bei der Erfüllung all jener Pflichten, die der Tod eines Herrschers mit sich zu bringen pflegt. Große Schwierigkeiten machten ihnen Camilla Martellis Ansprüche. Sie setzte alle Hebel in Bewegung, um nachträglich ihre

Anerkennung als Großherzogin und das entprechende Erbe durchzusetzen. Sie war Cosimo nur zur linken Hand angetraut worden, behauptete aber, der Großherzog habe das nachträglich noch revidiert und brachte gefälschte Dokumente zum Vorschein, die das beweisen sollten. Sie wagte es sogar, dem Kardinal ins Gesicht zu sagen, sie sei dem Großherzog mehr als ebenbürtig gewesen, da die Medici vormals nichts als kleine Krämer gewesen seien, ihre Ahnen aber Großkaufleute und Patrizier ersten Ranges.

Damit besiegelte sie aber ihr Schicksal. Zornbebend erklärte der Kardinal seinem Bruder: „Dieses unmögliche Weib muß verschwinden. Sie bringt unsere Familie in Verruf und Schande. Sie entehrt mit ihren Lügen das Andenken unseres Vater. Ich werde dafür sorgen, daß sie als Nonne in das Kloster der Annunziaten eintritt, dort ist sie versorgt und kann keinen Schaden mehr anrichten."

Francesco zögerte, aber der Kardinal handelte auf eigene Faust. Er schickte einen geschlossenen Wagen, begleitet von geistlichen Herren und von Waffenknechten nach Poggio a Caiano. Camilla wehrte sich wie eine Löwin, aber es half ihr nichts, sie wurde überwältigt, in den Wagen getragen und gewaltsam ins Kloster überführt. „So ergehe es allen, die sich unberechtigt in unsere Familie zu drängen versuchen", sagte der Kardinal, und Bianca dachte: ‚Damit zielt er auf mich. Aber ich werde schon dafür sorgen, daß es mir nicht ebenso ergeht wie ihr.'

Sie hörte, daß man im Kloster große Not mit der

Unglücklichen habe, die Tag und Nacht tobe und heule und sich durchaus nicht zur Nonne weihen lassen wolle. Bianca besuchte sie, um ihr gut zuzureden, wurde mit Klagen überschüttet und erreichte wenig. Erst nach Monaten gelang es der Oberin, die kranke und erschöpfte Camilla zum Annehmen des Schleiers zu bewegen.

Biancas Leben verlief in dieser Zeit so, wie sie es sich nicht besser hätte wünschen können. Das Schloß und die Gärten auf der Höhe von Pratolino waren nun fertiggestellt und Bianca übereignet worden. Es war ein herrlicher Besitz. Weit dehnten sich die Gärten mit Lusthäusern, Lauben, Springbrunnen, Bildwerken, verschlungenen Irrwegen und mit vielen Blumen. Die seltensten und schönsten von ihnen pflegte Bianca selbst, wenn sie „auf der Villa“ war, wie man sagte.

Sie verlebte dort schöne Tage mit Francesco, der herauskam, so oft und so lange es ihm irgend möglich war. Sie arbeiteten dann zusammen. Seit Francesco Großherzog war, gab es noch viel mehr zu beraten und besprechen, Briefe zu schreiben, Dokumente durchzugehen, zu rechnen und die Finanzen zu ordnen. In der Stille und Abgeschiedenheit von Pratolino lenkte Bianca Cappello, selbst für den Großherzog fast unmerklich, ein Großteil der Angelegenheiten des Staates Toskana. Aber auch die gelehrten Liebhabereien durften nicht zu kurz kommen.

Auch in der Villa zu Pratolino war ein Laboratorium und anschließend eine Werkstatt für Francescos chemische und physikalische Versuche und seine praktischen Arbeiten eingerichtet worden. Er hatte ein Verfahren erfunden, wie man Bergkristall schmelzen und verarbeiten konnte. Nun formten er und Bianca gemeinsam die schönsten Kristallvasen- und pokale, zusammen mit einigen Gehilfen, die Francesco angestellt hatte. Francesco war von diesen Arbeiten so besessen, daß er kaum mehr aus der Werkstatt herauskam. Seine Minister, die gelegentlich zu Besprechungen nach Pratolino kamen, empfing er am Schraubstock oder über einem Siedekessel gebeugt, den Blasebalg in der Hand. Wäre nicht Bianca gewesen, die alles, was sie vortrugen, hörte und später dafür sorgte, daß die Angelegenheit in Ordnung kam, wäre manches, das von Wichtigkeit war, verfehlt worden.

Aber auch Bianca arbeitete mit Feuereifer in der Werkstatt, gekleidet wie ein Lehrjunge in Wams und Hemdsärmeln und mit den beliebten Pumphosen. So sah sie der Maler Giovanni Stradano, der nach Pratolino bestellt worden war, um hier Skizzen für Bilder, die Räume im Palazzo vecchio zieren sollten, zu machen. Dort hatte Francesco früher neben dem großen Ratssaal in einem kleinen Kabinett sein Laboratorium gehabt, das aber jetzt in ein elegantes Studierzimmer umgewandelt wurde. Hoch oben an der Wand sollten Gemälde die menschlichen Handwerke und Tätigkeiten darstellen. Hier verewigte Stradano – inmitten einer etwas idealisierten Glaserwerkstatt – die arbeitende Bianca, wie sie, einen großen Behälter in ihren schönen weißen Armen schleppend, ganz der Sache hingegeben, im hellsten Licht stand, das Gesicht von goldfarbenen Löckchen umflattert. Wenn Francesco später in seinem Studiolo arbeiten würde, konnte er immer wieder einmal zu dem Bilde aufblicken und sich an Biancas lebensvoller Schönheit erfreuen.

So vergingen zwei Sommer in Arbeit und Zufriedenheit für die so innig verbundenen Liebenden. Nur eines fehlte immer noch, um das Glück voll zu machen. Johanna von Österreich hatte inzwischen sechs Töchter zur Welt gebracht, von denen allerdings nur drei am Leben geblieben waren. Francesco machte sich nicht viel aus ihnen, er fand, sie sähen allzusehr ihrer Mutter ähnlich und seien „so bleich und zänkisch“ wie sie.

Ein Kind von Bianca, ein Sohn, das war nach wie vor sein leidenschaftlich gehegter Wunsch, von dem konnte er nicht abgehen. Auf einer Reise nach Padua, bei der Bianca ihn begleitete, beteten sie gemeinsam im Dom zum heiligen Antonius, er möge als Mittler bewirken, daß Gott ihrer beider Sehnsucht erfülle. Sie berührten mit der Hand den Stein seines Grabes und flüsterten nochmals ihre Bitte. „Ich bin überzeugt, er wird uns erhören“, sagte Francesco, als sie den Dom verließen.

Bianca war nicht so überzeugt. Sie hatte alles nur Menschenmögliche versucht, eine Schwangerschaft zu erzwingen, alle Mittel hatten versagt. Sie war wieder schwer krank gewesen, hatte sogar ihrer Schönheit, die sichtlich gelitten hatte, durch Salben und Wässerchen aufhelfen müssen. Gott versagte ihr, was er anderen Frauen so reich gewährte. Sie lag nachts wach und fragte sich grübelnd, warum er wohl gerade ihr, der so vieles gelang, dies eine versagte? Sollte es eine Strafe für ihre Sünden sein?

Der Gedanke an das Kind, das sie nicht zu gebären imstande war, fing an, in ihr derart überhandzunehmen, daß sie ihn Tag und Nacht nicht zu verscheuchen vermochte. Sie wußte, ein Kind würde ihre Verbindung mit Francesco erst unlösbar machen. Sie war seiner Liebe sicher, aber ihre zahlreichen Gegner würden nie aufhören, gegen sie zu arbeiten. Ein Kind, ein Sohn zumal, würde auch vor der Welt ihre Stellung festigen. Man ehrte die Mutter eines Sohnes aus fürstlichem Geblüt, auch wenn sie das Kind außerhalb der Ehe gebar.

Als sie bemerkte, daß ihr Leib anschwoll, schöpfte sie neue Hoffnung. Aber der Arzt des Großherzogs sagte ihr, es handle sich um nichts anderes als um die beginnende Wassersucht. Er verordnete Tränklein und stärkende Bäder, die nach einiger Zeit auch halfen. Francesco hatte ebenso wie sie gehofft und sich gefreut, nun zerfielen die Hoffnungen aufs neue in nichts, Bianca wurde wieder schlank wie zuvor.

Da geschah es eines Tages, daß sie in der Vorhalle ihres Florentiner Hauses die kleine Magd Serafina, die seit einiger Zeit bei ihr diente, bitterlich weinend auf dem Marmorfußboden sitzen fand, neben sich den Putzeimer und die Scheuerbürste, mit der sie begonnen hatte, den Boden zu schrubben.

Bianca, die sich stets sorglich um das Wohl ihrer Bediensteten kümmerte, beugte sich zu ihr nieder: „Was ist denn, Kind? Warum weinst du?“

Die Kleine fuhr erschrocken auf, sie hatte die Herrin nicht kommen hören und versuchte, die Tränen wegzuwischen.

„Was ist geschehen, Serafina?"

„Nichts – nein, gar nichts, gnädigste Frau", stammelte das Mädchen.

„Um nichts weint man doch nicht so herzbrechend. Komm mit mir, erzähl mir deinen Kummer."

Serafina wollte abwehren, mußte aber gehorchen. Im Empfangszimmer, allein mit der Herrin, beichtete sie dann unter Schluchzen. Sie war jetzt ganz sicher, daß sie ein Kind erwartete. Der Vater? Er diente im großherzoglichen Stall bei den Pferden. „Er ist so ein lieber, treuer Mensch, Euer Gnaden. Aber heiraten können wir nicht – und nun weiß ich nicht, was aus mir werden soll."

Bianca horchte auf. Sie forschte weiter. Warum denn nicht heiraten, wenn der Bursch so lieb und treu war?

„Ach – seine Eltern wollen es ja nicht. Sie haben einen schönen Hof und andere Pläne mit ihrem Sohn. Ich – ich bin ein uneheliches Kind, Euer Gnaden. Man verachtet mich in meinem Dorf. Meine Mutter ist tot, ich habe weder Besitz noch Verwandte."

Bianca betrachtete das Mädchen. Es war blond, mit feiner, weißer Haut und zierlichen Händen. Ob Serafina etwas von ihrem Vater wisse?

„Nichts, gar nichts, Euer Gnaden. Sie sagen, er sei ein vornehmer Herr gewesen. Aber meine Mutter hat seinen Namen nie genannt, selbst auf dem

Sterbebett nicht und obwohl der Priester sie heftig deswegen bedrängt hat."

,Ein vornehmer Herr, das ist zu glauben', dachte Bianca. ,Dies feine Gesicht, das die Tränen nicht einmal sehr entstellen, der zarte Wuchs, die gute Art sich auszudrücken...'

Sie sagte: „Du mußt nicht mehr weinen, Serafina. Es wird alles in Ordnung kommen. Überlaß mir die Sache. Ich werde den Eltern deines Bräutigams schreiben. Sie werden mir meine Bitte nicht abschlagen, denke ich, zumal wenn du eine gute Mitgift bringst. Ich werde dafür sorgen, daß ihr bald heiraten könnt und euch einen hübschen, kleinen Hof verschaffen."

Außer sich vor Freude küßte Serafina immer wieder Biancas Hände. „Ach, ist das möglich? Die gnädige Frau ist ja so gut..."

Bianca lächelte auf ihren blonden Kopf hinab. Plötzlich war in ihr etwas von der Abenteuerlust ihrer frühen Jahre aufgesprungen, von dem Wagemut, der sie getrieben hatte, bei Nacht und Nebel mit Piero zu entfliehen. Ein Plan formte sich in ihr, der mit Blitzesschnelle Gestalt annahm. ,Was Kuren und Tränkchen', sagte eine Stimme in ihr, ,wenn es nicht so geht, muß es eben anders gehen. Umsonst schickt Gott mir nicht diese Gelegenheit in den Weg.'

„Danke mir nicht zu früh, Serafina", sagte sie sanft. „Es kann sein, daß ich für meine Hilfe auch einen Dienst von dir verlange, einen großen und schweren Dienst."

„Alles will ich für Euch tun, alles“, versicherte Serafina leidenschaftlich, „alles, gnädigste Frau. Verlangt, was Ihr wollt. Wenn ich meinen Paolo heiraten kann …“

„Schicke ihn mir einmal her, ich möchte mit ihm reden“, bat Bianca abschließend.

Der Bursche, der noch am gleichen Tag bei ihr vorsprach, machte den besten Eindruck auf sie. Er war groß, kräftig, mit offenem, ehrlichem Gesicht. Bianca war inzwischen Menschenkennerin genug geworden, um zu sehen, daß dieser Bauernsohn durchaus zuverlässig war.

Sie sandte einen Boten an Paolos Eltern, und binnen weniger Tage war die Sache geregelt. Serafina und Paolo wurden ein Paar, Bianca selbst machte die Trauzeugin.

Dann aber folgte eine sehr geheime Unterredung zwischen ihr, den Neuvermählten und der Kammerfrau Giovanna Santi. Auch auf diese konnte sich Bianca voll verlassen. Es bestand fast so etwas wie ein Freundschaftsverhältnis zwischen ihr und der jungen Frau, die schon seit Jahren bei ihr war. Auch sie hatte Bianca durch allerlei kleine Hilfeleistungen zur Dankbarkeit verpflichtet, und Giovanna hing mit glühender Verehrung an ihrer Herrin.

Es wurde beschlossen, daß Paolo und Serafina noch für eine Weile in den Diensten blieben, die sie jetzt ausübten. Dann aber würden sie ihren Abschied nehmen und auf einem Hof nahe Pratolino, der Bianca gehörte, Unterkunft finden.

Bianca aber trat dem Großherzog, als er am nächsten Tage zu ihr kam, mit strahlenden Augen entgegen. „Mein lieber Herr, jetzt endlich habe ich eine Botschaft für Euch, die Euch erfreuen wird. Ich bin nun ganz sicher, ich erwarte ein Kind. Im August, denke ich, wird es soweit sein."

Fast außer sich vor Freude umarmte er sie. Er konnte sich nicht genug tun in Dankbarkeitsbezeugungen und erregtem Pläneschmieden. „Wenn es ein Sohn wäre, ach Bianca, wenn es ein Sohn wäre!"

Seine übergroße Freude beschämte sie ein wenig. Aber sie rief sich zur Ordnung. All dies geschah ja nur, um ihm Freude zu machen. Und die Lust am Wagnis übertönte ohne weiteres die kleinen Stiche ihres Gewissens.

Die Tränklein des Arztes wurden beiseite gelassen, und zum guten Glück stellte sich tatsächlich die Wassersucht wieder ein. Die Dienste des Leibarztes hatte Bianca abgelehnt – „ich mag diesen Mann nicht, er redet soviel unverständliches Zeug." Und der junge Arzt, den ihr Francesco in seiner Besorgnis sandte, ließ sich durch die Schwellung ihres Leibes täuschen, er konstatierte eine schon seit zwei Monaten bestehende Schwangerschaft.

Doch auch ohne die Tränklein verschwand die Schwellung nach einiger Zeit wieder. Nun mußten Kissen helfen. Mit Giovannas Hilfe band sich Bianca erst kleinere, dann größere Kissen vor den Leib. Giovanna erwies sich in diesen Dingen als sehr geschickt und tüchtig. Sie veränderte Biancas Kleider, ja selbst ihre Morgengewänder so, daß der täuschende Eindruck einer fortgeschreitenden Schwangerschaft gewahrt blieb. Sie wurden allmählich etwas erweitert, fluteten dann schließlich in weiten Falten um die schwerfälliger erscheinende Gestalt. Bianca und Giovanna verbrachten oft viele Stunden vor dem Spiegel, um durch immer neue Änderungen die Täuschung vollkommen zu machen. Bianca erinnerte sich an die Zeit, da sie mit Pellegrina schwanger gewesen war und mimte Übelkeit, steckte auch wohl den Finger in den Hals, so daß sie tatsächlich erbrach. Sogar ihre Haut, die kein Schönheitswasser mehr netzte, zeigte jetzt Unreinheiten, wie sie oft bei Schwangeren vorkommen. Das alles bis ins Kleinste durchzuführen, bereitete ihr ein heimliches Vergnügen, wie es ihrer auf Genauigkeit, Geschicklichkeit und Beherrschung ihrer selbst angelegten Natur entsprach.

Mit Beginn der guten Jahreszeit war sie nach Pratolino hinausgezogen. Dort empfing sie kaum Besuche und blieb meist in ihren Zimmern, ging nur gelegentlich, von Giovanna begleitet, ein wenig im Park spazieren.

Ihre Zofe sah sie, wenn sie kam, um Bianca zu frisieren, bereits im Morgengewand. Das Mädchen, das weder mißtrauisch noch besonders klug war, merkte nichts.

Francesco hatte in dieser Zeit viel zu reisen, der neue Großherzog mußte die anderen italienischen Höfe besuchen, um das gutnachbarliche Verhältnis, das Cosimo mit geschickter Diplomatie hergestellt hatte, weiter zu fördern. Wenn er zwischendurch einmal zu Bianca kam, so war er die Besorgnis und zarte Rücksicht selbst. Er wagte kaum, sie zu umfassen, um dem Kind keinen Schaden zu tun. Es machte Bianca keine Mühe, ihn von ihrem Bett fernzuhalten.

So wurde es Sommer. In Pratolino merkte man nicht so viel von der Hitze wie in der Stadt. Die Räume des Schlosses waren hoch und kühl. Eines Nachts wurde Serafina durch die Gartentür ins Haus geschmuggelt und lebte verborgen, durch Giovanna versorgt, in einem Hinterzimmer, das sie nur des nachts für kurze Zeit verlassen durfte, um ein wenig im Garten Luft zu schöpfen.

Giovanna war es auch gelungen, eine verläßliche Wehmutter aufzutreiben, die in das Geheimnis eingeweiht und durch reichen Lohn und noch größere Versprechungen zum Schweigen verpflichtet wurde. Sie war eine der in vielen Künsten erfahrenen „Weisen Frauen“, die auch in der Heilkunde Bescheid wußten. Bianca erklärte, sie verlasse sich ganz auf die Erfahrungen dieser Frau und brauche die Hilfe der Ärzte nicht. Da sie aber schon zuvor den Rat von Kurpfuscherinnen und Kräuterfrauen dem der Ärzte vorgezogen hatte, fiel das nicht weiter auf.

In diese warmen Julitage fielen – wie aus heiterem Himmel – zwei schlimme Ereignisse, die das Haus Medici schwer erschütterten.

Don Pietro, Francescos Bruder, lebte seit einigen Jahren mit seiner jungen Frau, einer Verwandten seiner Mutter, die auch den gleichen Namen wie diese trug, wieder in Florenz. Pietro war ein seltsamer Mensch, finster, verschlossen und unberechenbar. Manche sagten, er sei gelegentlich nicht ganz bei Verstand. Er und Francesco konnten sich nicht leiden, sie wichen einander aus, auch Bianca kannte den Prinzen kaum. Wie alle Welt bedauerte sie seine hübsche, blutjunge Frau, man hörte, er behandle sie schlecht, vernachlässige sie, sei wenig zu Hause und reise unstet im Land umher. In seiner Abwesenheit nun verliebte sich die kleine Eleonora in einen jungen Edelmann, der aber dann im Streit einen Freund erstach und zum Tod verurteilt wurde. In ihrer Angst um den Geliebten verriet sich die junge Frau. Don Pietro hörte davon und befahl ihr, zu ihm nach Caffagiuolo zu kommen. Dort tötete er sie mit dem Schwert – wie es hieß, beim Abendessen. Er ließ die Leiche noch in der Nacht nach Florenz bringen und heimlich in der neuen Sakristei von San Lorenzo beisetzen. Dann entfloh er nach Spanien. Er hinterließ einen wirren Brief, in dem er zunächst von einer Hinrichtung wegen Untreue sprach, dann aber behauptete, seine Frau sei am Schlagfluß gestorben.

Francesco war erschrocken und entsetzt. Eine Verfolgung des Mörders kam nicht in Frage. „Es ist gut, daß er nach Spanien gegangen ist, wir könnten ein Mitglied unserer Familie ja nicht öffentlich richten, müssen sowieso tun, als glaubten wir seiner Versicherung, Eleonora sei eines natürlichen Todes gestorben, und die schlimme Sache nach Möglichkeit vertuschen."

Kaum aber hatte man sich von dieser Erschütterung etwas erholt, traf eine neue Schreckensnachricht in Florenz ein: Jetzt war es die reizende Donna Isabella, die von ihrem Gatten Paolo Orsini ermordet worden war. Isabella hatte sich schon vor Jahren von ihrem Gatten getrennt und lebte auf einer Villa nahe Florenz. Leicht wechselnd in ihren Abneigungen und Sympathien, hatte sie längst vergessen, daß sie einmal Bianca den Rücken gekehrt hatte. Sie hatte Freundschaft mit ihr geschlossen, besuchte sie oft und vertraute ihr ihre Herzensgeheimnisse an. Sie verliebte sich glühend einmal in diesen, einmal in jenen hübschen jungen Mann und geriet durch ihre Wankelmütigkeit in manche Klemme, aus der ihr dann Bianca mit ihrer geschickten Diplomatie heraushelfen mußte. Von ihrem Gatten sprach sie mit Gleichmut. „Eifersüchtig? Nein, das ist er nicht. Er hat in Rom sein Liebchen, in das er ganz vernarrt ist. So kann er mir auch mein Vergnügen gönnen und tut es gewiß."

Dann aber erschien Paolo Orsini plötzlich geheimnisvoll und unerwartet in Florenz. „Ich weiß nicht, was in ihn gefahren ist", sagte Isabella lachend zu Bianca. „Ob ihm seine Vittoria untreu geworden ist? Er sucht Annäherung und Versöhnung, spielt den Liebenswürdigen, ja den Werbenden."

„Könnt Ihr ihm denn trauen?" fragte Bianca.

„Ich weiß nicht. Jedenfalls – warum soll ich mich nicht mit ihm versöhnen, wenn er es will? Wir haben einander einmal sehr gern gehabt, vielleicht kann es wieder so werden."

Das leidlich versöhnte Paar begab sich auf Isabellas Landsitz Cerreta Guidi bei Empoli. Am Abend erwürgte er die Nichtsahnende während einer Umarmung. Ihre Freundin Lucrezia Frescobaldi, die ihr Röcheln hörte, kam zu spät ins Zimmer. Orsini stürzte an der Schreienden vorbei, sprang auf ein bereitstehendes Pferd und jagte in Richtung

Rom davon. Man hörte später, er habe dort auch den Gatten seiner Geliebten Vittoria Accorombona umbringen lassen, und beide Morde seien auf Anstiften dieser Frau vollbracht worden, die Fürstin von Bracciano werden wollte.

Nachgesandte Häscher konnten den Orsini nicht vor der Grenze einholen. Francesco wütete und trauerte. Auch Bianca war tief bewegt. Francesco saß bei ihr, stöhnend und außer sich. „Zwei solche Mordtaten innerhalb von 14 Tagen, zwei. Es ist, als habe jemand das Haus Medici verflucht, als sei hier der Teufel am Werk, der Unheil für uns braut."

Bianca saß still da, die Hände über ihrem Kleid gefaltet, das die Kissen auf ihrem Leib verbarg. Für einen kurzen Augenblick überkam sie heiße Angst. Wie, wenn ein drittes Unheil über dieses Haus käme – durch sie, durch das betrügerische Spiel, das sie begonnen hatte und zu Ende führen mußte? Zu welchem Ende? Aber sie wies diese Gedanken von sich. Nein, ein Unheil konnte da nicht entstehen, wie sollte es denn? Und die Vorfreude auf sein und ihr Kind war der einzige Trost, den sie Francesco jetzt anbieten konnte.

Sie lächelte ihn an. „Trotz allem, mein lieber Herr, wir haben Hoffnung."

Er küßte ihre Hände. „Du hast recht, meine Liebste. Es gibt einen Trost – wir sind einander treu, wir haben Hoffnung..."

An einem warmen Augusttag meldete Giovanna, bei Serafina hätten die Wehen eingesetzt. Sogleich legte sich Bianca zu Bett. Giovanna ging von Zeit zu Zeit ins Hinterzimmer hinüber, dort verlief offenbar alles, wie es sollte. Es werde keine schwere Geburt werden, sagte die Wehmutter, die zumeist bei Serafina blieb.

Bianca ließ niemanden vor. Doch als Francesco von Florenz her eintraf, erfuhr er sofort die Neuigkeit und eilte zu Bianca. Er setzte sich an ihr Bett und streichelte ihre Hand. Nun mußte Bianca schauspielern und hie und da seufzen und das Gesicht verziehen. „Ach, meine Liebste, nun mußt du leiden", stöhnte er und sagte „du", was nur selten geschah.

„Es ist nicht so schlimm", versicherte sie mit einem tapferen Lächeln.

„Ach, Bianca, ich weiß doch, wie du in Wahrheit leidest. Und ich bin schuld", setzte er in fast verzweifeltem Ton hinzu.

Sie schüttelte den Kopf. „Ich bin selbst schuld", sagte sie leise vor sich hin und verbot sich diesmal das Lächeln. – ‚Wenn er wüßte, wie wahr das ist', dachte sie. ‚Armer Francesco! Was für eine schlimme Betrügerin ich doch bin! Aber die Freude, die er haben wird, dürfte alles gut machen.' Jetzt lächelte sie dem Geliebten herzlich zu, und er beugte sich vor und küßte sie zart auf den Mund.

Francesco hatte den jungen Arzt mitgebracht, der damals Biancas Schwangerschaft festgestellt hatte. Er bestand darauf, daß er eingelassen werde. „Es geht alles seinen normalen Gang", sagte Bianca beruhigend zu dem aufgeregten jungen Herrn. Auch tauchte glücklicherweise die Wehmutter in diesem Augenblick auf und stand wie ein grimmiger Drache neben Biancas Lager. „Ich habe Erfahrung.

Ich sorge schon dafür, daß alles in Ordnung geht. Das kann der Herr Großherzog glauben. Da brauchen wir den Herrn da gar nicht." Und da auch Bianca mit der Hand abwinkte, durfte der Arzt sich zurückziehen, was er, offenbar erleichtert, tat.

Der Abend war schwül. Der Großherzog wischte sich öfter die Stirn. Seine Aufregung stieg, wie die Zeit fortschritt. Manchmal stand er auf und schritt in dem großen Zimmer auf und ab. Dann setzte er sich wieder und hielt Biancas Hand.

Draußen blitzte und donnerte es, ein Gewitterregen ging nieder, so drang etwas Frische durch die Fensterbogen herein.

Bianca wurde allmählich ungeduldig. Die Nacht schritt vor, und wenn der große Augenblick, auf den sie alle warteten, kam, mußte es irgendwie gelingen, Francesco aus dem Zimmer zu bringen. Giovanna verschwand von Zeit zu Zeit durch die Tapetentür. Wie stand es wohl drüben?

„Mein lieber Herr," sagte Bianca. „Ihr müßt gehen und Euch niederlegen. Bei mir kann es noch lange dauern. Liebster, geht bitte und ruht Euch aus. Ihr seid erschöpft, man sieht es."

Ein Kammerherr, der gleich darauf um Einlaß bat, bestätigte Biancas Worte. „Euer großherzogliche Gnaden sind müde, wir alle bitten Euch, wenigstens für kurze Zeit das Lager aufzusuchen. Seine Hoheit hat viel gearbeitet und ist weit geritten", wandte er sich an Bianca. „Mitternacht ist vorüber."

„Mein lieber Herr, ich bitte Euch..."

Aber Francesco wehrte mit der Hand ab. „Nein, nein." Er wischte sich wieder die Stirn. „Um keinen

Der Kamin im Zimmer der Bianca Cappello, Villa Poggio a Caiano

Preis ..." Er sah wirklich blaß und todmüde aus, die Aufregung nahm ihn sichtlich mit. Aber er wich nicht. Giovanna ging ab und zu, die Hebamme ließ sich nicht mehr blicken. Francesco ging mit wankenden Schritten auf und ab.

Da huschte Giovanna wieder einmal herein. Mit einem Blick auf den Großherzog, der eben das jenseitige Ende des Zimmers erreicht hatte, flüsterte sie an Biancas Ohr: „Das Kind ist geboren. Ein Knabe ..."

Ein Knabe. Bianca tat einen tiefen Atemzug. „Das Glück ist mit uns", flüsterte sie.

Als Francesco zurückkam, flehte sie ihn fast atemlos an: „Lieber Herr, erfüllt mir die Bitte, geht! Wer kann denn wissen, wie lange es noch dauert?"

Wieder wollte er abwehren. Aber da erschien aufs neue der Kammerherr, er hatte den Arzt mitgebracht. Beide bestürmten den Großherzog, doch auch ein wenig an seine eigene Gesundheit zu denken.

So gab er endlich nach. „Ich komme bald zurück", versprach er, dann verließ er das Zimmer.

Kaum hatte sich die Tür hinter ihm geschlossen, sprang Bianca aus dem Bett. „Jetzt aber schnell. Den Riegel vor." Giovanna lief zur Tür und verriegelte sie.

Bianca band sich die Kissen vom Leib. „Weg mit dem Zeug. Räum es fort, schnell." Sie dehnte sich. „Wie gut, daß ich es endlich los bin." Giovanna stopfte die Kissen eiligst in eine Truhe, die sie verschloß. Dann schlüpfte sie aus der Tapetentür, während Bianca wieder ins Bett stieg.

Auf dem Gang, der zum Hinterzimmer führte, kam Giovanna die Wehmutter entgegen. Sie trug einen verdeckten Korb. „Hier sind die Früchte, die die gnädige Frau bestellt hat", sagte sie grinsend.

Giovanna brachte den Korb in Biancas Zimmer, die Wehmutter folgte. „Schaut ihn euch an, ihr Frauen", sagte sie.

Giovanna hob die Decke von dem Körbchen. Sie stieß einen kleinen Schrei des Entzückens aus. „Gran Dio, was für ein reizendes Kindlein!"

„Zeig ihn mir, zeig ihn mir", rief Bianca gedämpft und streckte die Arme aus.

Giovanna hob das Kind vorsichtig aus dem Korb und reichte es Bianca. Das Kind schlief, das Fäustchen gegen den kleinen Mund gepreßt. Es war kein verschrumpeltes, bräunliches Etwas, das da in Biancas Arm lag, sondern ein rosiges Wesen mit runden Bäckchen und einem ganz leichten, hellen Flaum auf dem Köpfchen. Serafinas Sohn war das schönste, vollkommenste Neugeborene, das Bianca je gesehen hatte. „Mein Gott, ich danke dir", flüsterte sie und wiederholte noch leiser: „Das Glück ist mit uns." Dann küßte sie zart das flaumige Köpfchen.

Die alte Frau stand neben dem Bett. Sie hatte Biancas Worte gehört. „Ja, ja", sagte sie trocken, „es ist ein Glückskind. Ich habe die Zeichen gesehen. – Getrunken hat er schon", setzte sie hinzu.

„Wie geht es Serafina?" fragte Bianca aufblickend. „Wer ist jetzt bei ihr?"

„Der geht's gut. Die ist zum Kinderkriegen geboren", die Wehmutter schmunzelte. „Ihr Mann ist bei ihr."

„Gut. Sie wird weitere Kinder bekommen." Sie drückte das schlafende Bübchen fester an sich. „Dies hier gehört mir." Sie erinnerte sich an die Zeit, da Pellegrina noch ganz klein gewesen war und in ihrem Arm lag. Daß sie dies Glück nun doch noch einmal erleben durfte, erfüllte sie mit inniger Freude. „Wie schade, daß er nicht bei mir trinken kann", sagte sie.

„Die Amme, die wir bestellt haben, wartet im Vorzimmer", versicherte Giovanna eifrig, auch sie lachte in freudiger Aufregung. „Was für ein schönes Kind, Euer Gnaden."

„Schafft jetzt Wasser herein", befahl die Wehmutter. „Ich will das Bürschchen noch einmal baden, damit wir dem Herrn Großherzog einen sauberen Sohn präsentieren können. Und die gnädigste Frau werde ich auch waschen."

„Ich soll gewaschen werden?" fragte Bianca. „Wozu?"

„Das gehört zur Ordnung", erklärte die weise Frau mit Würde. „Die Wöchnerin wird gewaschen, was denkt Ihr?"

Bianca fügte sich lachend.

Giovanna entriegelte die Tür zum Vorzimmer und öffnete sie einen Spalt breit. „Heißes Wasser, bitte. Ja, das Kind ist da. Ein Sohn. Aber sagt dem Herrn Großherzog noch nichts, die gnädige Frau muß erst gewaschen werden."

Als das Kind aus Biancas Arm genommen und zu dem Waschwännlein gebracht wurde, erwachte es und begann zu schreien. Die kleine meckernde Stimme drang bis ins Vorzimmer hinaus. Dort lauschten alle Wartenden mit strahlenden Gesichtern. „Seine großherzogliche Gnaden würde es uns nie verzeihen, wenn wir ihn nicht weckten“, sagte der Kammerherr.

Kurze Zeit später rüttelte der Großherzog an der wieder verriegelten Tür und bat dringend um Einlaß. In aller Eile wurde die Wäsche vollendet und das in Windeln gewickelte Kind wieder in Biancas Arm gelegt. Es beruhigte sich sofort und hörte zu schreien auf.

Don Francesco wurde eingelassen. Er trat an das Bett heran. Seine Augen waren feucht, die Sprache versagte ihm. Mit dem matten, aber glücklichen Lächeln einer Wöchnerin, die soeben entbunden hat, hob Bianca ein wenig die Arme, wie um ihm das Kind zu reichen. Doch sanken sie zurück, als versagten ihr die Kräfte.

Francesco kniete neben dem Lager nieder. Behutsam nahm er das Kind in den Arm und blickte, noch immer sprachlos vor Glück, darauf nieder. Die wasserblauen Äuglein des Neugeborenen sahen ruhig und klar zu ihm auf, als begreife das winzige Wesen bereits, wieviel Liebe ihm hier entgegengebracht wurde.

„Euer Sohn, mein lieber Herr“, sagte Bianca leise.

„Mein Sohn“, wiederholte Francesco mit zitternder Stimme. „Mein Sohn, mein geliebter Sohn.“ Er küßte die kleine, rosige Stirn, dann suchte sein Mund Biancas Hand. „Dank, tausend Dank für das Geschenk, meine Liebste.“

Einige Herren und Damen des großherzoglichen Gefolges waren hinter Francesco eingetreten, aber

Bianca winkte ihnen ab und sie zogen sich wieder zurück.

Nur Pellegrina, die mit eingetreten war, durfte herankommen und das „Brüderchen" betrachten. Dann wurde auch sie weggeschickt. Giovanna und die Hebamme verschwanden durch die Tapetentür. Francesco erhob sich, das Kind im Arm – stolz aufgerichtet stand er da. „Ich habe einen Sohn", wiederholte er immer wieder, als könne er es noch nicht fassen. Wie er den Kopf zärtlich auf das Bündel in seinem Arm herabneigte, verzog sich der kleine Mund, als versuche er bereits ein Lächeln. „Und er gleicht dir", rief Francesco aus.

Bianca mußte ein wenig lachen: „Das kann man bei einem Neugeborenen doch noch gar nicht erkennen", wandte sie ein.

„Er wird blond, das ist zu sehen. Er hat deine Augenform, deine Nase..."

Sie lachte herzlich. „Habe ich solch ein winziges Näschen, Francesco?"

Nun lachte auch er. Er hob das Kind empor. „Der heilige Antonius hat unsere Bitte erhört, ihm sei Dank und Ehre. Wir wollen das Kind Antonius nennen, ist es Euch recht?"

„Sehr recht."

„Don Antonio de' Medici", sagte der glückliche Vater langsam, als gelte es eine feierliche Proklamation zu verkünden.

„Don?" fragte Bianca. Es war der Titel, den nur Prinzen führten. „Ihr wißt, er kann nicht Thronfolger werden."

„Er wird es werden. Ich werde ihn legitimieren

und zu meinem Nachfolger erklären lassen."

Bianca schüttelte den Kopf. „Nicht so schnell, mein lieber Herr, nicht so schnell. Ihr wißt, was für einen Sturm Ihr entfachen würdet. Wie Eure Gemahlin Gott und die Welt um Hilfe anrufen würde..."

„Was kümmert mich diese Frau, die nur Mädchen zur Welt bringen kann?" Die laute Stimme und die heftige Bewegung schienen das Kind zu erschrekken, es begann zu schreien. „Bianca, Bianca, du bist meine Frau und keine sonst. Und dieser ist unser Sohn, und keiner wird Großherzog von Toskana werden außer ihm", Francescos Stimme übertönte das Kindergeschrei.

Bianca winkte ab. „Überlaßt das alles der Zeit, mein Liebster. Freut Euch an Eurem Kind und laßt die Zukunft für sich selbst sorgen, ich bitte Euch darum."

„Jede Bitte erfülle ich Euch", murmelte er.

„Wollt Ihr das Kind in die Wiege dort legen?"

Er tat es, breitete sorglich die Decke über den kleinen Körper. „Don Antonio, schlaft wohl", sagte er dabei.

Als habe das Kind die Worte verstanden, hörte es sofort zu schreien auf, legte das Köpfchen ein wenig auf die Seite und schloß die Augen.

„Und wollt Ihr so lieb sein und die Amme rufen, die draußen wartet", vollendete Bianca lächelnd. Dann streckte sie ihm beide Hände entgegen. „Mein Lieber, Geliebter, wir sind glücklich, nicht wahr?"

„Wir sind glücklich", antwortete er und küßte sie. Dann rief er die Amme.

XII

Der Wechselbalg

Die Nachricht, daß die Zauberin aus Venedig dem Großherzog einen Sohn geboren habe und daß dieser der schönste Säugling sei, den man je gesehen habe, verbreitete sich mit Windeseile in Florenz und der ganzen Toskana. Sie entfachte zunächst keinen gefährlichen Sturm, sondern trug Bianca sogar Sympathien ein. Ihr war gelungen, was die „Regina Giovanna“ trotz all ihres Betens nicht vermocht hatte. Die Geburt eines Sohnes hob die Stellung einer Mutter, und so hob dieses Ereignis auch Bianca in den Augen ihrer Mitwelt; sie hatte richtig gerechnet.

Alle ihre Freunde und Anhänger kamen nach Pratolino heraus, sie zu beglückwünschen und das Kindlein zu bewundern. Das taten sie denn auch gebührend. Jedermann war entzückt von Don Antonio. Er gedieh prächtig und lernte erstaunlich früh das Lachen. Seine Amme und seine Kinderfrauen beteten ihn an. Er war das gutartigste Kind der Welt, schrie wenig und lachte jedem zu, der sich über seine Wiege beugte. Dabei legte er schelmisch das Köpfchen auf die Seite und kniff ein wenig die Äuglein zusammen. Niemand konnte ihm widerstehen, und der Stolz und das Glück des Großherzogs waren unermeßlich und Don Antonios Taufe in San Lorenzo ein wahres Volksfest.

Die einzige, die keine Freude zeigte, war natürlich die Großherzogin Johanna. Als sie die Nachricht von Don Antonios Geburt empfing, erlitt sie einen Herzanfall. Sie war die erste und einzige, die im Kreise ihres Hofstaats erklärte, die Venezianerin sei in Wahrheit unfähig, ein Kind zur Welt zu bringen, und dieser angebliche Sohn nur untergeschoben. Die Cappello habe nie gebären können, auch jene Pellegrina, die sie für ihre Tochter ausgebe, sei das Kind einer Nachbarin, das die Zauberin nur angenommen und als das ihre ausgegeben habe. Man müsse das Mädchen nur ansehen, es gleiche seiner angeblichen Mutter nicht im mindesten.

Das stimmte. Je älter Pellegrina wurde, desto mehr prägte sich bei ihr die Ähnlichkeit mit ihrem Vater aus, sie hatte Pieros braunes Haar und seine warm leuchtenden, dunklen Augen. Bianca lachte, als man ihr Johannas zornige Reden hinterbrachte. Sagte nicht jedermann, was Francesco schon am ersten Tag behauptet hatte: Daß das Kind Antonio ihr erstaunlich gleiche? Sie selbst fand die Ähnlichkeit allerdings nicht bedeutend, aber die Hauptsache war ja, daß andere sie zu sehen glaubten.

Francesco bekam einen seiner seltenen Zornanfälle, als er von Johannas Worten hörte. Bianca versuchte ihn zu beruhigen. „Es war zu erwarten, daß sie sich ärgern würde. Und man spricht im Ärger manches, was man nicht ganz so schlimm meint.“ Sie faßte Francescos Hände. „Es wäre klug gehandelt, mein lieber Herr, wenn Ihr jetzt Eurer Gemahlin ein wenig Freundlichkeit erwieset. Sie sollte daran gehindert werden, wieder Kaiser und Papst um Hilfe anzurufen. Denkt daran, sie kann uns schaden."

„Ich gehe nicht zu ihr", beharrte Francesco störrisch. „Seit längerer Zeit schon habe ich dieses Weib nicht mehr angesehen..."

„Um so wichtiger ist es, daß Ihr es jetzt tut. Ich rufe Eure Rechtlichkeit an, Don Francesco de' Medici. Sie ist nun einmal Eure angetraute Gemahlin. Und auch Euer gutes Herz sollte Euch sagen, daß Ihr der Frau, die Euch liebt, wenigstens ein kleines bißchen Aufmerksamkeit schuldet. Sie wird glücklich sein."

„Ihr denkt so groß, Bianca."

„Ich denke auch an mich, Lieber", wehrte sie bescheiden ab. „Ich denke daran, daß, wenn sie fortfährt, Verleumdungen über uns auszustreuen, das Ansehen, vielleicht sogar das Leben unseres lieben Kindes gefährdet ist."

Wie immer fügte sich Francesco schließlich Biancas Überredungskunst und verbrachte ein paar Tage und Nächte bei seiner Gattin.

Doch dauerte das Einvernehmen nicht lange. Johanna war unklug genug, Francesco mit Klagen zu überschütten, Bianca eine Betrügerin und Antonio einen Wechselbalg zu nennen. Damit erregte sie Francescos Zorn so sehr, daß er sie zu schlagen versuchte. Sie flüchtete kreischend vor ihm und fiel dann in Ohnmacht. Er verließ wütend den Palast – auf Nimmerwiedersehen, wie er sagte.

Bianca fühlte sich ziemlich sicher vor Entdekkung. – Johannas Verdacht konnte leicht als Verleumdung abgetan werden, wer glaubte schon den Reden einer eifersüchtigen Frau? Und ihre Mitwisser würden schweigen, dessen war sie gewiß. Die „weise Frau" war sogleich wieder in ihr abgelegenes Dorf entschwunden, Serafina, jung und gesund, hatte sich schon wenige Tage nach der Geburt soweit erholt, daß sie mit ihrem Paolo über die Berge nach Bologna reisen konnte. Francesco besaß dort einige Häuser, eines davon, einen hübschen kleinen Palazzo, hatte er Bianca geschenkt. Sie war schon ein paarmal dort gewesen und hielt einige Dienerschaft in jenem Haus. Dort würden Serafina und ihr Mann vorerst Unterschlupf finden, der Haushofmeister hatte den Auftrag, nach einem kleinen Bauernhof Ausschau zu halten und ihn zu kaufen, wenn sich einer gefunden hatte, der dem jungen Paar zusagte. Serafina würde dann dort als Mutter einer wachsenden Kinderschar in dem glücklichen Bewußtsein leben, daß ihr ältester Sohn in Florenz in Glanz und Herrlichkeit aufwachsen und vielleicht, ja höchstwahrscheinlich einmal Großherzog sein würde.

Giovanna allerdings wirkte unruhig. Seit man gehört hatte, daß die Großherzogin von Kindesunterschiebung sprach, plagte sie die Angst, die Sache könne doch aufgedeckt werden und ihre Rolle bei dem Spiel ans Licht kommen. Als im ersten Frühjahr die Wege über den Apenin wieder gangbar wurden, bat sie Bianca um Entlassung. Auch sie wollte nach Bologna ziehen, wo sie Verwandte hatte. Bianca trennte sich ungern von ihr, aber sie überlegte, daß Giovannas verändertes, ängstliches Wesen doch einmal irgend jemandem auffallen oder die von ihrem Gewissen Geplagte sich auf irgendeine Weise verraten könnte. So gab sie Giovannas Bitte nach und entließ sie reich beschenkt. Giovanna schloß sich einer kleinen Reisegesellschaft an, die auf der Via Bolognes nach Norden zog.

Herzog Cosimo hatte auf seinem Territorium, auch in den Bergen, das Räuberwesen gänzlich ausgerottet. Aber im Bolognesischen gab es noch die eine oder andere Bande, die manchmal Reisende überfiel. Irgendwie mochte es den Räubern zu Ohren gekommen sein, daß Giovanna Santi Kostbarkeiten mit sich führte. Die Räuber überfielen den Reisezug, Giovannas Begleiter konnten entfliehen, sie selbst aber wurde niedergeschlagen und ihr Gepäck fortgeschleppt. Als die mutigsten ihrer Reisegenossen zurückkehrten, um nach ihr zu suchen, fanden sie sie schwer verletzt und bewußtlos am Wegrand liegen, sie schafften sie nach Bologna, wo sie noch einige Tage fiebernd im Hospital lag, ehe sie starb. Vor ihrem Tod hatte sie einem Priester gebeichtet.

Entweder hatte der Priester es mit dem Beichtgeheimnis nicht allzu genau genommen oder Giovanna hatte im Fieber geredet und Zeugen gehabt, jedenfalls verbreitete sich alsbald von Bologna her in der ganzen Toskana und über sie hinaus das Gerücht, das Kind, das der Großherzog Francesco für das seine halte, sei tatsächlich der Sohn eines Stallknechtes und einer Dienstmagd, und die schlaue Venezianerin habe es, eine Schwangerschaft vortäuschend, mit Hilfe einer Kammerfrau für das ihre ausgegeben und den arglosen Großherzog täuschen können.

Überall lief das Gerücht um, in Florenz gaben es die Leute von Gasse zu Gasse weiter. „Man denke doch, ein Kind hat sie untergeschoben, diese Hexe. Die arme Großherzogin hat recht gehabt. Sie wußte, was dieser Venezianerin zuzutrauen war..."

Sehr bald erreichte das Gerücht auch Bianca. Sie erschrak sehr. Dann aber faßte sie sich, wie es ihrer Art entsprach, und dachte nach. Wie konnte man dem Gerücht entgegentreten? Und die wichtigste Frage war: Würde Francesco davon erfahren? Das war offenbar bis jetzt nicht der Fall, niemand am Hof wagte wohl, ihm dergleichen mitzuteilen, wußte man doch, wie zornig er werden würde, und daß es schwer halten mußte, ihm die Wahrheit des Geredes zu beweisen.

Da kam ein Brief von Biancas Gewährsmann aus Rom, einem jungen Geistlichen aus dem Haushalt des Kardinals, der Bianca anbetete und den sie gut bezahlte. Das Gerücht von der Kindsunterschiebung, an dem sicherlich kein wahres Wort sei, habe auch Rom erreicht. Leider glaube es der Kardinal und habe sich mit einem Bologneser Geistlichen in Verbindung gesetzt, der angeblich jener sterbenden Kammerfrau die Beichte abgenommen habe.

Bianca überlegte. Man hatte gehört, die Nachricht von Don Antonios Geburt habe den Kardinal sehr erregt. Er hatte Anspruch auf die Nachfolge, wenn der Großherzog ohne männlichen Erben starb. Sicher hatte er von Francescos Absicht, das Kind zu legitimieren, gehört. Wenn er sich dieses Gerüchtes annahm, wurde die Sache gefährlich. Es blieb die schwache Hoffnung, daß er als der hier so wesentlich Interessierte, sich seinem Bruder nicht als Erbschleicher präsentieren mochte und darum einen direkten Angriff vermeiden würde.

Aber auch diese kleine Hoffnung erwies sich als trügerisch. Nach etwa einer Woche kam ein Eilbote nach Pratolino mit einem kurzen Briefchen des römischen Freundes: Der Kardinal habe seiner eigenen Meinung nach unwiderlegbare Beweise, die erwähnte böse Sache betreffend, in der Hand und sei bereits in Richtung Florenz abgereist, um seinen Bruder persönlich aufzuklären.

Bianca saß neben Antonios Bettchen, die Hände im Schoß zusammengepreßt. Der Kleine lachte glucksend vor sich hin. Er war jetzt über ein halbes Jahr alt, ein strammes Bürschchen, das ungewöhnlich wenig Mühe machte und fröhlich mit seinen Händchen und Füßchen spielte, wenn es nicht im Wickelkissen steckte. Über seiner Stirn wölbte sich schon ein blondes Schöpfchen empor, die Augen hatten jetzt die gleiche dunkelblaue Farbe wie die Biancas. Sie selbst fing an, eine Ähnlichkeit des Kindes mit sich selbst festzustellen. Seltsames Naturspiel! Würde es Francesco bestimmen, seinem Bruder nicht zu glauben? Aber die Beweise? Sie zweifelte keinen Augenblick daran, daß sie unwiderlegbar waren. Vielleicht hatte der Kardinal den Heiligen Vater bewogen, den Priester aus Bologna von seiner Schweigepflicht zu entbinden? Etwas dieser Art war ihm zuzutrauen.

Was sollte aus dem Kind werden? Sie selbst hatte Mittel und Geschicklichkeit genug, ins Ausland zu flüchten. Aber das Kind? Konnte, durfte sie es mitnehmen?

Gleich würde Francesco kommen, wie jeden Tag würde er zuerst zu dem Bettchen seines Sohnes gehen, ihn hochheben und küssen. Und Don Antonio würde lachen, wenn des Vaters Barthaare ihn kitzelten, und er würde versuchen, mit seinen Händchen an diesem Bart zu zupfen. Francesco würde das Kind umhertragen, er würde aus seinem Gebrabbel bereits das Lallwort „Babbo" heraushören, mit dem die Florentiner Kinder ihre Väter benannten...

Und das alles würde mit einem Schlag zerstört werden. ‚Armer Don Antonio, armer Francesco! Warum habe ich nur etwas so Unsinniges getan? Jetzt bekomme ich die Strafe dafür. Aber sie trifft nicht mich, sondern die beiden, die ich am meisten auf der Welt liebe.

Was soll ich tun? Was kann ich tun?' Reuegefühle halfen zu nichts, sie schob sie beiseite. Gleich würde sie Francescos Schritt im Vorzimmer hören. Was konnte sie tun? Wo war der Ausweg, die Hilfe?

Und dann wußte sie es: Einen Weg gab es, einfach und klar lag er vor ihr. Ehe Francesco die schlimme Geschichte von anderen erfuhr, mußte sie selbst ihm die Wahrheit sagen. Sie mußte seine Liebe zu ihr auf diese harte Probe stellen, und was er, den sie betrogen hatte, dann bestimmte, mußte sie annehmen. Sie wurde ganz ruhig.

Als sie den Schritt hörte, stand sie auf. Er kam allein wie gewöhnlich, das Gefolge blieb im Vorhaus. Sie trat ihm entgegen und verstellte ihm den Weg, als er zum Bettchen des Kindes gehen wollte.

„Mein lieber Herr, ehe Ihr auch nur einen Schritt weitergeht, muß ich Euch etwas sagen." Sie stand vor ihm und sah ihn mit ihrem klaren Blick sehr ernst an.

Er erschrak sichtlich. „Aber was ist?" Er stotterte sogar ein wenig.

Sie legte die Hand auf die seine. „Bitte hört mich an und erregt Euch nicht. Ich muß Euch etwas sagen, das Euch weh tun wird. Es fällt mir schwer, aber es muß sein. Ich habe Euch belogen und betrogen. Ich habe es aus großer Liebe zu Euch getan, aber getan habe ich es. Unser kleiner Antonio ist nicht Euer Kind und nicht das meine. Ich habe die Schwangerschaft geheuchelt. Eine andere, ein liebes, schönes Mädchen, hat das Kind geboren, das ich Euch in die Arme legte. Das ist die Wahrheit. Nun tut mit mir und ihm, was Ihr wollt. Ich liebe Euch, ich habe das alles getan, weil ich Euch liebe und Euch Euren Wunsch erfüllen wollte." Sie wiederholte es, ihn gerade ansehend. Sie glaubte es selbst, in diesem Augenblick war ihr kein anderer Beweggrund mehr bewußt. „Aus großer Liebe zu Euch. Aber nun mischen sich andere mit ihren Händen und Mündern in die Sache, und ich muß Euch sagen, wie alles wirklich war, damit Ihr es nicht – verzerrt – von anderen hört, die sich an

Eurem Schrecken, Eurem Kummer, Eurer Empörung weiden wollen."

Er hatte seine Hand zurückgezogen, stand ganz still und sah sie an, blaß, mit einem verstörten Blick, der ihr ins Herz schnitt. Langsam schüttelte er den Kopf und griff sich an die Stirn, als könne sein schwerfälliger Verstand ihre Worte nicht fassen. Plötzlich wandte er sich um und trat an das Fußende des Bettchens. Der Kleine streckte fröhlich die Ärmchen aus, er wollte aufgenommen sein. Aber Francesco stand still und sah auf ihn nieder. „Nicht mein Kind, nicht mein Kind", murmelte er endlich.

Bianca schossen die Tränen in die Augen, aber sie rührte sich nicht.

„Johanna hat es gesagt", fügte er hinzu. Dann richtete er sich auf, drehte sich um und ging aus dem Zimmer. Durch das Fenster sah sie ihn allein den Gartenweg zwischen den Blumen hinabgehen, bis seine Gestalt zwischen den Zypressen verschwand.

Sie setzte sich und begann zu weinen, hörte aber gleich wieder auf und saß still mit zusammengelegten Händen; sie betete.

Später ging sie hin und her durch das Zimmer, trat ans Fenster und sah in den schweigenden Garten hinaus. Die Amme kam, um das Kind zu stillen und trockenzulegen. Dann ging sie wieder. „Laß Don Antonio bei mir", hatte Bianca gesagt.

Nach mehr als zwei Stunden kam Francesco zurück. Sie sah ihn zwischen den Büschen auftauchen und durch die Gartentür eintreten. Ja, er ging durch den Vorraum, er kam hierher. Ihr Herz klopfte wild.

Sein bärtiges Gesicht verriet, wie sehr der Kummer ihn mitgenommen hatte. Auch er hatte geweint. Doch jetzt war sein Blick ruhig.

Wieder stand er am Bettchen. Das Kind schlief nun, das Däumchen im Mund. „Und diesen lieben kleinen Burschen sollen wir hinausstoßen in ein ungewisses Schicksal, vielleicht in Not und Tod? Nein, niemals.“ Er richtete sich auf. „Er ist mein Kind und er bleibt mein Kind“, sagte er mit fester Stimme. „Ich habe ihn zu lieb, um ihn hergeben zu können. Mag ihn geboren haben wer immer, er ist unser Kind, er ist Don Antonio de' Medici, und er bleibt es.“

Die Erleichterung machte sie schwanken. „Ach, wie gut du bist“, flüsterte sie.

Er wandte den Kopf zu ihr. „Du hast ihn mir gegeben, Bianca, es war dein Geschenk an mich, nichts kann das ändern.“

Sie lief zu ihm hin und drückte ihren Kopf an seine Schulter. „Ihr verzeiht mir?“

Er nickte ernst. „Du hast es aus Liebe zu mir getan“, sagte er leise und innig. Dann schloß er sie in die Arme. „Ich kann euch nicht verlieren, nicht ihn und nicht dich. Meine Frau und mein Kind – helfe mir Gott – ich kann es nicht.“

Nun aber brach der Sturm wirklich los. „Ich kann Euer Gnaden nicht verstehen, ich kann Euer Gnaden nicht verstehen“, schrie der Kardinal mit erhobenen Fäusten, als Francesco, die unwiderleglichen Beweise beiseite schiebend, nur mit der Hand abwinkte. „Ich bin über alles unterrichtet. Es hat keinen Sinn, sich aufzuregen. Ich betrachte Don Antonio auch fernerhin als meinen Sohn und werde ihn adoptieren, wenn ich ihn nicht legitimieren kann. Kein Wort mehr, Don Ferdinando, ich wünsche, daß die Sache nicht weiter erörtert wird.“

Sie wurde dennoch erörtert, in Stadt und Land, ja, in ganz Italien. Niemand konnte den Großherzog verstehen. In Florenz flüsterte man, nun sei deutlich zu sehen, welche Macht die Venezianerin über den armen Herrn habe, dergleichen sei nur durch Zauberei möglich. Nur ein Verhexter könne so handeln wie er. Man hörte, an den italienischen Höfen lache und spotte man über den verzauberten Medici, der einen Wechselbalg für sein Kind anzusehen nicht aufhören könne. Die Großherzogin Johanna fiel von einem hysterischen Anfall in den anderen, der Kardinal besuchte sie, um ihr Trost zu spenden. Die Anhänger der beiden schürten den Unmut des Volkes. Spottlieder tauchten auf, hier und dort rotteten sich die Leute zusammen, und Drohungen gegen Bianca wurden laut.

Um zu zeigen, daß sie sich nicht fürchtete, kehrte Bianca in ihr Haus nach Florenz zurück. Francesco wollte ihr Spießknechte zu ihrem Schutz zur Verfügung stellen, aber sie wies das zurück.

Nur von einigen Frauen begleitet, ging sie zu Fuß durch die Stadt und lächelte nur, wenn hinter ihr halblaute Flüche erklangen oder Begegnende das Kreuz schlugen.

Eines Tages kam sie aus der Kirche von Santa Trinità, wo sie wie jeden Tag die Messe gehört hatte.

Da begegnete ihr auf der Arnobrücke ein kleiner Zug von Menschen, der von Bewaffneten geleitet wurde. In einer offenen Sänfte saß Johanna von Österreich, umgeben von Höflingen und geistlichen Herren. Sie sah Bianca fröhlichen Schritts über die Brücke daherkommen, und Zorn und Haß schlugen über ihr zusammen. Sie schrie mit gellender Stimme: „Werft die betrügerische Hexe in den Arno, werft sie dort in den Fluß!“ und zeigte mit dem Finger.

Bianca blieb ruhig stehen, lächelte und verneigte sich.

Die Bewaffneten und Höflinge blickten verwirrt auf ihre Herrin und zögerten ungewiß.

Da beugte sich Johannas Beichtvater, ein hoher kirchlicher Würdenträger, über die Erregte und sprach ihr besänftigend zu. „Fügt nicht eigene Sünde zu der der anderen, hohe Frau“, bat er. „Der Herr hat geboten: Du sollst nicht töten. Wie dürften dergleichen mörderische Gedanken Eurer Hoheit edlen Sinn verwirren?“

Johanna stöhnte auf. „Ihr habt recht“, flüsterte sie und schlug die Hände vors Gesicht. „Bringt mich in die Kirche“, hörte man noch. Der Zug setzte sich wieder in Bewegung. Als Bianca an der Sänfte vorüberging, verneigte sie sich wieder und sagte sanft: „Großherzogliche Gnaden sind nicht gesund. Es tut mir von Herzen leid. Ihr solltet Euch niederlegen.“ Dann ging sie gemächlich weiter.

In der Kirche lag Johanna lange Zeit auf den Knien und flehte Gott mit lauter Stimme um Verzeihung an, daß das triumphierende Verhalten einer

Unwürdigen sie zu bösen Mordgedanken verleitet habe. Auch später wiederholte sie dies in der Palastkapelle. Sie war aufs neue schwanger, man fürchtete für ihre und des Kindes Gesundheit, und so überredete man sie schließlich, ihre Buße aufzugeben und sich zu Bett zu legen.

Ihre Zerknirschung hinderte sie allerdings nicht daran, ihren Bruder, den Kaiser, mit verzweifelten Klagen und Bitten zu überschütten. Maximilian sandte ein scharf gehaltenes Schreiben an den Großherzog von Toskana, worin er ihn ersuchte, den Skandal um die Cappello endlich abzustellen. Francesco ließ seine Kanzlei mit gewundenen Versicherungen antworten, die im Grunde nichts besagten. Erzherzog Ferdinand, Johannas jüngerer Bruder, drohte damit, er werde nach Florenz kommen, dort einen Aufruhr des Volkes entfachen und seine Schwester heimholen.

Da starb Kaiser Maximilian plötzlich, und der neue Kaiser Rudolf versuchte auf freundlichere Weise, die leidige Sache zu schlichten. Seinen versöhnlichen und mahnenden Briefen – und dem Zureden Biancas – gelang es tatsächlich, eine Wiederannäherung der Gatten zu erreichen.

Und dann trat ein Ereignis ein, das vieles veränderte: Johanna gebar einen Sohn.

XIII

Die Großherzogin

Niemand hatte, als Johanna von Österreich wieder einmal in die Wochen kam, etwas anderes erwartet, als daß sie ihrem Gatten eine weitere, wenig lebenskräftige Tochter, die siebente, schenken werde. Nun aber war es ein Knabe, den sie gebar, ein überzartes Kind zwar, aber eben doch ein echter, legitimer Thronerbe, und damit hatte sich die Situation im Großherzogtum Toskana gründlich verändert.

Zuerst war Francesco nicht so erfreut, wie er hätte sein sollen. „Das ist nun wieder solch ein erbärmliches Würmchen, gar nicht zu vergleichen mit unserem Antonio. Und ich fürchte, ich werde unseren kleinen Schatz jetzt nicht legitimieren können."

„Dafür bleibt ja später noch Zeit", beruhigte Bianca, besonnen wie immer. „Es ist wichtig, daß Ihr Euch jetzt Eurer Gattin einmal ganz und gar widmet. Das wird von Euch erwartet. Sie ist die Mutter eines legitimen Erben, das ist nun einmal etwas Großes in den Augen aller. Und dann wird auch die Spannung zwischen dem Kaiser und Euch, die mir Sorge macht, verschwinden. Ich ziehe mich für eine Weile zurück. Mein lieber Herr, da Ihr allzeit so vernünftig denkt, werdet Ihr einsehen, wie nötig das jetzt ist. Unsere Liebe wird durch die kleine Trennung nicht leiden, glaubt es mir.“

Er ließ sich überzeugen und tat, was jeder von ihm erwartete. Er ehrte Johanna als Mutter eines Thronfolgers, machte ihr kostbare Geschenke und verbrachte viel Zeit in ihren Räumen und an der Wiege des Kindes. Vom Balkon des Palastes warf er einer jubelnden Volksmenge Goldstücke zu und betrachtete in guter Haltung das Feuerwerk, das zu Ehren des Neugeborenen auf der Piazza della Signoria abgebrannt wurde.

Der Knabe bekam den Namen Filippo zu Ehren des spanischen Königs. Das war eine politische Geste, zu der seine Minister dem Großherzog geraten hatten. Francesco, der die Spanier gar nicht liebte, hatte sich kürzlich um ein Bündnis mit Frankreich bemüht. Das aber hatte Spanien verärgert, und so galt es jetzt, dem spanischen Monarchen ein wenig um den Bart zu gehen. Dieser schickte denn auch gnädig einen Sondergesandten nach Florenz, der an seiner Statt den Thronfolger aus der Taufe heben sollte.

Die Taufe des kleinen Filippo wurde mit großem Pomp vollzogen. Die Fastnachtsgesellschaften von Florenz sandten auf eigene Kosten eine Schar kleiner Kinder, die, als Putten verkleidet, den Täufling mit Lilien in den Händen zum Altar geleiten sollten. Trotz dieses anmutigen Geleites schrie Don Filippo jämmerlich auf dem ganzen Weg und auch während der heiligen Handlung. Er war ein schwaches, mit Milchschorf behaftetes kleines Wesen, und viele

Leute verglichen ihn zu seinem Nachteil mit dem hübschen, rosigen und fröhlichen Don Antonio, der eben nur leider ein Wechselbalg war.

Bianca hatte sich nach Pratolino zurückgezogen, während Francesco sich seiner Gattin und seinem echten Sohn, wenn auch heimlich seufzend, widmete. Bianca war nicht unglücklich darüber, einmal in aller Ruhe ihren Kindern und ihren Liebhabereien leben zu können. Die Zeit zuvor war voller Aufregungen, Unruhe und Arbeit gewesen. Mit politischen Schwierigkeiten und Ärgernissen hatte sie sich an Francescos Seite herumschlagen müssen. Jetzt sollten seine Räte, seine Sekretäre sehen, wie sie mit all dem fertig wurden. Sie saß bei dem schönsten Sommerwetter im Garten von Pratolino im Schatten alter Bäume. Hier auf der Höhe wehte immer ein frischer Wind, so daß es nie so schwül wurde wie manchmal in Florenz. Es war vergnüglich, den Kindern zuzusehen, die auf dem Rasen spielten. Sie hatte nicht nur Antonio, sondern auch Pellegrina mitgenommen. Pellegrina war jetzt ein großes, hübsches Mädchen von dreizehn Jahren, Francesco und Bianca spannen schon Heiratspläne für sie. Sie hatte ein sorgliches, mütterliches Wesen, und ihr kleiner „Bruder" war ihre ganze Freude. Sie schleppte ihn umher, lehrte ihn laufen, sagte ihm Worte vor, die er nachsprechen sollte, was er eifrig, aber ohne Erfolg versuchte. Jetzt stand er auf seinen stämmigen Beinchen schwankend da und machte Anstalten, dem großen goldenen Ball nachzulaufen, den Pellegrina über die Wiese rollte. Nach wenigen Schritten fiel er um, jauchzte auf und krabbelte geschwind auf den Ball zu, über den er sich lachend und krähend warf. Pellegrina lief zu ihm hin, hob ihn in die Höhe, küßte ihn und schwang ihn in die Runde, und das Jubelgeschrei Antonios tönte über die Wiese hin und weit in die Gärten hinaus.

Bianca nickte befriedigt vor sich hin. ‚Welch ein Glück, dachte sie, daß mein kleiner Antonio nicht als ungeliebter Prinz und Thronfolger aufwachsen muß wie sein „Babbo". Ich werde dafür sorgen, daß er ein so fröhliches Kind bleibt, wie er es jetzt ist.'

Sie versuchte, sich in das Buch zu vertiefen, das sie mit herausgenommen hatte. Es war jenes, das sie einst in der ersten Zeit ihrer Verbindung mit Francesco so eifrig studiert hatte, das mit den mathematischen und astronomischen Berechnungen und der Lehre des Pythagoras. Sie hatte lange nicht mehr hineingesehen, es gab zuviel anderes, was getan werden mußte. Jetzt sollten diese Dinge wieder aufgenommen werden, mit denen sie sich am liebsten vergnügte.

Neben den physikalischen und chemischen Versuchen, die sie Francesco zuliebe betrieb, fertigte sie jetzt im Laboratorium hauptsächlich Heilsalben und Schönheitsmittel an. Ihr Gesicht hatte seine frische Farbe jetzt endlich wiedererlangt, wie auch ihre Gesundheit sich gebessert hatte, aber so apfelblütenzart wie vor zehn Jahren war ihre Haut doch nicht mehr, und Bianca konferierte mit in Toilettenkünsten erfahrenen Frauen und stellte nach ihren Anweisungen die Wässerchen her, die ihr ihre Schönheit erhalten sollten, auf die sie großen Wert legte.

Auch die mechanischen Spielzeuge fanden zur Freude der Kinder in Pratolino ihre endgültige Heimstatt. Bianca ging jetzt daran, selbst dergleichen Wunderwerke zu fertigen. Sie hatte in Bologna einen jungen Schmied aufgetrieben, der Kenntnisse genug besaß, ihr als Lehrmeister zu dienen. Sie ließ ihn nach Pratolino kommen, eine Schmiede wurde errichtet. Da arbeitete Biance dann in Pluderhosen und großer Schürze als Schmiedegeselle zur Verwunderung der Dienerschaft mit ihrem jungen Meister. Hübsche Dinge entstanden in gemeinsamer Arbeit: für Antonio ein Rößlein, das laufen konnte, wenn man es aufzog, für Pellegrina eine Puppe, die einen kleinen Spiegel in der Hand hielt, in dem sie sich, den Arm hebend und den Kopf wendend, besehen konnte. Bianca bekam manchmal Besuch aus Florenz, die Marchesa Mondragone, Hofleute, Künstler, die getreuen Anhänger, die Bianca nicht für eine „gestürzte Größe" hielten wie andere. Ihnen konnte Bianca eines Tages einen lebensgroßen Türken mit Turban vorführen, der Spielblätter ausgab, auf deren Rückseite Prophezeihungen standen. Mit Bewunderung und leichtem Grauen lasen die Gäste die Sprüche, die jedem sein zukünftiges Schicksal in den rosigsten Farben ausmalten, und alsbald liefen im Land Gerüchte über die wunderlichen Zauberkünste der Herrin von Pratolino um, hier und dort sprach man sogar davon, daß sie sich einen lebendigen Teufel eingefangen habe, der ihr dienen und ihr das Schicksal jedes Menschen, nach dem sie ihn befrage, voraus verkündigen müsse.

Im Spätherbst siedelte Bianca mit den Kindern

nach Bologna in ihr dortiges Haus um. Auch hier fanden sich Gäste bei ihr ein, und bald wurde eine Beziehung zum regierenden Hause hergestellt. Die Bentivoglio waren schon seit langer Zeit die unbestrittenen „Signori", die alle Geschicke der Stadt bestimmenden Herren von Bologna, so wie es einst die Medici in Florenz gewesen waren, ehe sie fürstlichen Rang bekamen. Der jetzige Stadtherr besaß einen sechzehnjährigen Sohn, der einst die Stellung seines Vaters erben würde. Francesco hatte bereits einmal seine Fühler ausgestreckt, ob nicht eine spätere Heirat zwischen Pellegrina Buonaventuri und dem jungen Grafen Bentivoglio in Erwägung zu ziehen sei. Bianca wurde in den Palast geladen, machte sich mit ihrer üblichen Liebenswürdigkeit allseits beliebt und förderte die Heiratspläne so geschickt, daß im ersten Frühjahr bereits der Ehevertrag besprochen worden war. Sie fand auch Gelegenheit, die beiden jungen Leute miteinander bekannt zu machen und sah befriedigt, daß sie Gefallen aneinander fanden.

Einmal fuhr sie auch mit Antonio nach dem Berggehöft hinauf, das jetzt Serafina und Paolo bewirtschafteten. Die Freude dort war groß. Serafina weinte und lachte, als sie ihren Sohn im Arm hielt, der zutraulich ihr Gesicht streichelte. Sie hatte bereits wieder ein Kind geboren, ein Mädchen, das sie Bianca stolz zeigte. Es war ebenso niedlich und rosig wie Antonio, und Serafina gestand, daß sie sich aufs neue schwanger fühlte. Trotzdem wollte sie ihren Ältesten, als der Abschied kam, gar nicht von sich lassen und küßte ihn unter Tränen immer wieder. Bianca sprach freundlich von der glänzenden Zukunft des Kindes, und Serafina trocknete ihre Tränen, segnete den Jungen, und Bianca und Antonio fuhren winkend davon in dem schönen Wagen, dem in den Dörfern alle Leute bewundernd nachliefen.

Im Frühjahr kehrten Bianca und die Kinder nach Pratolino zurück. Dort empfing Bianca eines Tages durch einen Sonderboten ein Schreiben des Großherzogs. Ein Schreiben? Es war nur ein kleines Stück Papier, das sich in der pompösen Briefrolle befand: „Ich sehne mich nach Euch. Auf ewig der Eure.“ Das war alles.

Aber es war ein Hilfeschrei, Bianca begriff das. Sie besann sich kurz, dann ließ sie packen und kehrte nach Florenz zurück.

Dort hielt sie sich meist im Hause auf, ging nur täglich in die Kirche, wie gewohnt, vermied aber alles Auftreten in der Öffentlichkeit. Natürlich wurde trotzdem bekannt, daß sie zurück war. Merkwürdigerweise verbreitete sich das Gerücht, sie lebe als Büßerin, bereue ihre Sünden und wolle ein neues Leben anfangen. Das Gerücht erreichte die Großherzogin, und tatsächlich schenkte sie ihm Glauben. Sie sandte Bianca ein Schreiben, in dem sie ihr riet, in ein Kloster einzutreten und versprach, sie in ihr Gebet einzuschließen.

Francesco kam im Dunkeln, so wie einst in der ersten Zeit ihrer Verbindung. Er hielt Bianca in den Armen, als wolle er sie nie wieder loslassen. „Bianca, Bianca, ich kann nicht ohne Euch leben. Ich habe es gesehen, Ihr fehlt mir an allen Ecken und Enden. Alles ist leer und tot ohne Euch. Ich bin wie verloren und verraten, nichts gelingt mir, nichts kann ich vollbringen. Bleibt bei mir, ich bitte Euch, laßt mich nicht mehr allein."

Sie saßen dicht nebeneinander, Bianca streichelte Francescos Kopf, der an ihrer Schulter lag. – ‚Er ist wie mein Kind', dachte sie. ‚Nein, ich darf ihn nicht mehr allein lassen. Seltsam – ein großer starker Mann, und hilflos ohne mich ...'

Sie fragte nach Filippo, seinem Söhnlein. „Hat er Euch nicht Freude gemacht?"

„Er ist schwächlich wie seine Schwestern und greint den ganzen Tag. Es macht mich ganz unglücklich, wenn ich das hören muß. Er ist wie seine Mutter, nichts als Jammer und Vorwürfe. Bianca, ich meine doch, jeder vernünftige Mensch müßte verstehen, daß ich das auf die Dauer nicht aushalten kann, daß es mich verrückt macht ..."

Antonio kam hereingewackelt, strahlend und „Babbo, Babbo!" krähend. Francesco nahm ihn auf den Arm, ließ ihn auf seinem Knie reiten. „Wie groß er geworden ist!" rief er entzückt. „Ein solch schönes Kind. Und er spricht ja schon! Das ist, weiß Gott, ein anderer Kerl als der Unglückliche im Palazzo. Antonio, mein Engelchen, ich mache dich doch noch zum Thronfolger, glaub mir das. Der andere ist gänzlich ungeeignet."

Der wieder auflebende Großherzog wollte mit Bianca bei strahlendem Frühlingswetter nach Pratolino hinausfahren. Sie saßen nebeneinander im offenen Wagen. Da begegnete ihnen die Sänfte der Großherzogin. Sie hieß die Träger halten und drohte Bianca mit der Faust. „Ich hatte Vertrauen in Euch gesetzt, ich hatte Euch in mein Gebet eingeschlossen. Elende, Gott wird Euch zur Rechenschaft ziehen“, rief sie.

Bianca beugte sich aus dem Wagen, um etwas Beruhigendes zu erwidern. Aber der Großherzog zog sie zurück. „Laßt das! Laßt sie doch reden, die Tugendpredigerin!“ zischte er wütend. Er rief dem Kutscher zu weiterzufahren, und der Wagen rollte an der Sänfte und dem Gefolge Johannas vorüber zum Tor hinaus.

Am 9. April hörte man, die Großherzogin sei ernstlich erkrankt. In ihrer Umgebung hieß es, der Ärger über Biancas Rückkehr habe sie aufs Krankenlager geworfen. Aber es war eine Fehlgeburt, die einsetzte. Starke Blutungen zeigten, daß hier eine schwere Störung vorlag. Die Ärzte versuchten ihr zu helfen, es war vergeblich. Am nächsten Tag starb sie, sie hatte sehr leiden müssen.

Da die Ursache dieses Todes klar am Tage lag, konnte niemand behaupten, Bianca habe die Unglückliche vergiftet. Es wurde aber geraunt, sie habe den Leib ihrer Nebenbuhlerin verhext, um das Kind und sie zu töten.

Francesco kam am Abend sehr niedergeschlagen zu Bianca. „Es war schrecklich. Ich saß bei ihr, und sie sprach im Fieber – immerfort sagte sie, wie sehr sie mich geliebt und wie schlecht ich es ihr vergolten habe. Es war herzzerreißend. Ich konnte es nicht mehr aushalten und lief weinend hinaus. Bianca, ich hätte sie lieben sollen und habe es nicht gekonnt. Ich habe es bei Gott nicht gekonnt. Versucht habe ich es – wirklich. Aber es war nicht möglich…"

Bianca setzte sich zu ihm und faßte seine Hand. „Die Liebe ist ein seltsames Ding", sagte sie behutsam. „Sie kommt oder sie kommt nicht. Da kann kein Mensch etwas daran ändern. Wir können die Arme bedauern. Aber ihr helfen konntet Ihr nicht. Ihr habt es versucht, mehr kann auch Gott nicht von Euch verlangen."

„Ich bin nicht gut zu ihr gewesen", sagte er matt. „Sie brachte mich auf, weil sie eine Liebe von mir verlangte, die ich ihr nicht geben konnte. Du standest am Fenster und hattest einen hellen Schein um dein Haupt. Und da war es geschehen – und nichts und niemand konnte mehr etwas daran ändern."

Mit großem Prunk wurde Johanna von Österreich zu Grabe getragen. Der Trauerzug bewegte sich durch die Via Maggio, der Großherzog schritt hinter dem Sarge her. Und da erregte er öffentliches Ärgernis, indem er mit der Hand leicht zu dem Fenster hinaufgrüßte, an dem Bianca hinter dem Vorhang halb verborgen stand, um den Zug vorbeiziehen zu sehen.

Nach dem Begräbnis erschien er bei ihr. Er stand in der Tür und sah sie groß und ernst an. „Und jetzt wird geheiratet", sagte er gewichtig.

Verblüfft hätte sie fast gelacht. „Aber doch nicht sofort. Bedenkt, das Trauerjahr muß mindestens vorüber sein. Es gäbe neues Ärgernis…"

„Was kümmert mich das? Ich habe Euch einst versprochen und es bei dem Bilde der Mutter Gottes beschworen, daß ich Euch heiraten würde, sobald wir beide frei wären. Meint Ihr, ich sei einer, der einen heiligen Schwur nicht hält?"

„Ihr seid der treueste Mensch der Welt, mein lieber Herr. Aber Eure Räte werden Euch sagen ..."

„Mögen sie sagen, was sie wollen. Bin ich hier der Herr oder nicht?"

Aber der Beichtvater des Großherzogs schaltete sich ein. Er und der Bischof Abbioso, der am Hofe lebte, machten Francesco klar, daß der Heilige Vater eine Heirat unmittelbar nach dem Hinscheiden der Gattin niemals billigen werde und daß der hohe Herr sein Verhältnis zum Päpstlichen Stuhle gefährden würde, setzte er jetzt seinen Willen durch. Die Räte schlugen vor, seine großherzogliche Gnaden möge zunächst eine schon lange geplante Reise zu Inspektionszwecken antreten. Sie meinten, er werde sicherlich anderen Sinnes werden, wenn er Biancas Einflußbereich entzogen werde.

Der Kardinal Ferdinando schrieb aus Rom, er sei gewiß, der Herr Bruder werde nach Verlauf des Trauerjahres eine Ehe schließen, die seiner Würde und dem Wohl des Landes dienen könne. Er selbst werde Ausschau nach einer Tochter aus regierendem Hause halten und die Vermittlung übernehmen.

Francesco zürnte. Aber er stimmte schließlich doch dem Vorschlag der Räte zu und begab sich auf Reisen, zuvor aber bestand er darauf, daß Bianca in den Palazzo ducale übersiedelte – als Erzieherin seiner Töchter, wie offiziell bekanntgegeben wurde.

Bianca nahm, wie alles, was sie tat, auch diese Aufgabe mit Ernst in Angriff. Von Johannas und Francescos Töchtern waren noch drei am Leben, die dunkelhaarige, ernste Eleonora, die schon elf Jahre und ruhig und vernünftig war, die kränkliche Anna und Maria, ein munteres, keckes kleines Ding von fünf Jahren, blondlockig, die einzige hübsche unter Francescos Töchtern und auch die einzige, die er leiden mochte, obwohl sie nicht sehr klug war und nicht gern lernte. Alle drei hingen sehr an Bianca, die sie kannten, und freuten sich über die heitere, wenig strenge Art, mit der sie Tageslauf und Unterricht der drei auflockerte. Sie kümmerte sich um den Thronfolger, der nun etwas mehr als ein Jahr alt, aber in der Entwicklung sehr zurückgeblieben und fast immer krank war. Das arme Kind tat ihr leid, aber eine gewisse Befriedigung darüber, wie vorteilhaft der gesunde und hübsche Antonio sich gegen diesen schwächlichen Kranken abhob, konnte sie doch nicht in sich unterdrücken.

Der Beichtvater des Großherzogs und auch der Erzbischof von Florenz, der oft in den Palast kam, redeten Bianca in ernstem Gespräch zu, auf eine Ehe mit dem Großherzog zu verzichten. Wie sie es verantworten könne, einer Heirat im Wege zu stehen, die seinem Lande und dessen Ansehen großen Nutzen bringen könnte?

Sie schrieb daraufhin an Francesco nach Pisa, wenn er es wolle, sei sie bereit, ins Ausland zu gehen. Sie wußte, daß Francesco es nicht wollte, es niemals wollen würde.

Francesco kam krank von der Reise zurück. Ein

Sumpffieber hatte auch ihn – wie einst seine Brüder – in den Maremmen gepackt. Es konnte nicht anders sein, als daß Bianca ihn pflegte. Allmählich genas er, aber er litt an Leibschmerzen und wollte nicht essen. Eines Morgens drängte ihm Bianca in liebevoller Fürsorge ein Ei auf. „Bitte, mein Lieber, Ihr müßt Euch doch kräftigen." Da umfaßte er die Finger, die das Ei hielten, und sagte: „Ich nehme es. Aber nur unter einer Bedingung: daß ich auch die Hand dazu erhalte."

Sie lachte leise. „Ehe ich Euch verhungern lasse, mein lieber Herr – nun gut. Hier ist Ei und Hand, Ihr tut es ja nicht anders."

„Ich tue es nicht anders", sagte er, umfaßte die Hand und küßte sie. Dann richtete er sich auf und warf die Decke, die über seine Beine gebreitet war, weg. „Die Trauung wird noch heute stattfinden."

„Aber nein. Ihr seid noch krank."

„Nicht mehr, wenn ich mit Gottes Segen eine Frau bekomme."

Am Nachmittag des gleichen Tages wurden Francesco und Bianca in der Hauskapelle des Palazzo ducale durch den Bischof Abbioso getraut. Das Madonnenbild, bei dem Francesco vor viezehn Jahren geschworen hatte, er werde einst Bianca heiraten, blickte freundlich auf die Neuvermählten herab.

Aber damit war noch nicht erreicht, was Francesco wollte. Ihm ging es darum, Bianca neben sich auf dem Thron der Großherzöge zu sehen. Bis jetzt war sie nur, was auch Camilla Martelli gewesen war: die Angetraute eines Fürsten, doch nicht selbst Fürstin. Er wollte eine große offizielle Hochzeit, allen Gegnern und Mahnern zum Trotz, und er wollte, daß Bianca die Krone tragen sollte.

Irgendein kluger Rageber half ihm: Bianca war Venezianerin, es galt die Signoria der Lagunenstadt dazu zu bewegen, sie zur „Tochter der Republik" zu erklären. Das war ein Titel – und mehr noch als ein bloßer Titel –, der seine Trägerin in den Rang einer Fürstin erhob. Sie wurde durch ihn allen Töchtern aus königlichen Häusern gleichgestellt. Die Signoria von Venedig hatte hundert Jahre zuvor diesen Titel erfunden, um Venezianerinnen die Möglichkeit zu geben, die Ehre ihrer Stadt auf den Thronen Europas zu vertreten. Damals war Catarina Cornaro auf diese Weise Königin von Zypern geworden.

Eine Gesandtschaft des Großherzogs von Toskana reiste nach Venedig. Nun, da Francescos Absicht bekannt war, setzte ein neuer Sturm der Empörung und Abwehr ein. Der Kardinal sandte beschwörende Briefe, die gegen den unsinnigen Ehrgeiz der Cappello wetterten. Er schwor, der Papst werde nicht einwilligen, er werde eine so schandbare Sache nicht geschehen lassen. An den Höfen Europas spottete man wieder über den liebestollen Großherzog, und in Florenz selbst tauchten aufs neue Spottlieder auf.

Doch die Signoria von Venedig gab unerwarteterweise den Gesandten keine abschlägige Antwort. Die Herren berieten lange. Aber sie kamen zu der Ansicht, daß es gar kein so schlechtes Ding wäre, eine Tochter Venedigs, die der Signoria ihre Erhebung verdankte, auf dem Thron des Großherzogtums Toskana zu wissen, zumal man seit Herzog Cosimo die Beherrscher der Toskana zu den maßgebenden und einflußreichsten Fürsten in Europa zählte.

Man verhandelte, und dann zog die florentinische Gesandtschaft stolzgeschwellt heimwärts und brachte Francesco das Jawort Venedigs. Sie wurde mit Jubel und Illumination empfangen. Jetzt verklangen die Spottlieder ungehört, an den europäischen Höfen horchte man auf, und Francesco warf die Briefe seines Bruders in den Kamin. In der Grußbotschaft, die die Signoria von Venedig der neuernannten „Tochter von San Marco" überreichen ließ, wurde diese bereits als die „hochgeehrte und erlauchte Frau Großherzogin" angesprochen.

Für die kommenden Festlichkeiten wurden in Florenz ungeheure Vorbereitungen getroffen, die den ganzen Winter beanspruchten. Der als sparsam bekannte Großherzog bewilligte für dieses Fest Summen, die jedes Maß überstiegen.

Im Frühjahr war es dann soweit: Eine glänzende Gesellschaft von hochgeborenen Venezianern machte sich zu Schiff auf den Weg nach Florenz. Zu ihrem Abschied wurde ganz Venedig herrlich beleuchtet, und es herrschte großer Festjubel wie zuvor auch bei dem Empfang der Florentiner. Ebenso festlich wurde die Gesandtschaft der Lagunenstadt in Livorno empfangen. Die Blüte des florentinischen Adels ritt oder fuhr den Gästen entgegen. Bei ihrem Einzug in Florenz läuteten alle Glokken der Stadt. Es war wie ein Triumphzug durch die geschmückten Gassen, der dann endlich den Palazzo ducale erreichte. Die venezianische Gesandtschaft erstieg feierlich die marmorne Treppe, während Fanfaren eine Entrada bliesen.

Oben trat Bianca allein den Gästen entgegen. Sie stand unter dem Bogen des Portals, in Goldbrokat gekleidet, Diamanten am Kleid und im Haar, aber um den Hals trug sie nur ein einziges Schmuckstück, ein Kreuz aus edlen Steinen, jenes Kreuz, das sie einst aus Venedig mitgebracht hatte, das allein übrig geblieben war von den Pretiosen ihrer Mutter, die sie aus der Schatulle des Vaters entwendet hatte.

Und jetzt und hier kam an der Spitze der Gesandtschaft, würdevoll schreitend, groß, weißhaarig und ernst, eben dieser Vater auf sie zu, er, den die Signoria seiner Vaterstadt zum „Ritter von der goldenen Stola" und zum Führer der Gesandtschaft ernannt hatte. Ihm folgte Biancas Bruder Vittorio, neben ihm ging der Patriarch von Aquileja, jener hochmögende Verwandte, der einst so eifrig die Verfolgung der entflohenen Sünder betrieben hatte.

Weder er noch Bartolommeo Cappello schienen sich heute noch an die Ereignisse jener Zeit vor sechzehn Jahren zu erinnern, Messer Bartolommeo hatte sie sichtlich ganz und gar aus seinem Gedächtnis verbannt, und Bianca versuchte ebenfalls, so gut es eben gehen wollte, sie zu vergessen. Lächelnd ließ sie sich von ihrem Vater in die Arme schließen, doch gelang es ihm besser als ihr, Rührung zu heucheln. Sie begrüßte die Verwandten mit großer Herzlichkeit und saß bei dem anschließenden Festmahl, freundlich plaudernd, neben Vater und Bruder, während Francesco, ihr gegenübersitzend, seiner Art entsprechend sehr zurückhaltend wirkte.

Am folgenden Tag fand die offizielle Trauung in San Lorenzo statt. Gleichzeitig mit dem großherzoglichen Paar wurde auch Pellegrina Buonaventuri mit dem jungen Grafen Ulisses Bentivoglio von Bologna getraut. Der Patriarch von Aquileja segnete die Ehen ein.

Und darauf folgte die Krönung Biancas zur Großherzogin von Toskana im großen Ratssaal des Palazzo vecchio. Der Sprecher der venezianischen Gesandtschaft hielt eine lange Rede, in der er Bianca Cappello als „die getreue und vorzügliche Tochter der Republik Venedig" begrüßte. Dann setzten unter Trompetengeschmetter zwei Mitglieder der Gesandtschaft die Krone mit den hohen, goldenen Spitzen auf Biancas gesenktes Haupt.

Und dann saß sie still und aufrecht auf ihrem vergoldeten Thronsessel neben Francesco, bis die feierliche Musik verklang. Sie fühlte: Dies war der Höhepunkt ihres Lebens, das Ziel, das sie gesucht, aber von dem sie kaum geglaubt hatte, daß sie es je erreichen werde: Großherzogin von Toskana, gekrönte Herrscherin, ebenbürtig allen Königen Europas... Sie war nach Florenz gekommen als verfolgte Abenteurerin, grau vom Staub der Landstraße, arm wie eine Kirchenmaus, belastet zudem mit hungerleidenden Verwandten. Nahe dem Thron, ein wenig tiefer, saß Pellegrina neben ihrem Gatten, strahlend vor Glück, schön und lieblich in ihrem kostbaren Brautgewand, Gräfin Bentivoglio, die erste Dame von Bologna – Pellegrina, die sie in ihrem Leib über die Landstraßen Italiens getragen und in Not und Angst geboren hatte, als ein Kind des Elends, das dem Erbarmen einer Nachbarsfrau anheimgegeben war. Und hier saßen sie nun, umgeben von einer glänzenden Versammlung von Fürsten, Adligen und hohen Geistlichen, von vielen Gesandtschaften der Staaten Italiens und des Auslandes, die gekommen waren, ihr zu huldigen und sich auch vor Pellegrina neigen würden. Wie war das möglich geworden? Bianca wußte, daß sie dies alles der unerschütterlichen Liebe und Treue Francescos verdankte, und sie wußte auch, daß sie ihm dafür alle Hingabe und alle Hilfe schuldete, die sie geben konnte. Aber ihr klarer Verstand sagte ihr auch, daß ebenso ihre Klugheit einigen Anteil an der Erreichung dieses Ziels gehabt hatte.

Sie erinnerte sich ihrer Gedanken und Vorsätze während des Huldigungsempfangs Großherzog Cosimos, die das Glitzern der Krone in ihr erweckt hatte. Sie war nie ohne Ehrgeiz gewesen, aber es war ihr gelungen, ihn zu verbergen, bescheiden zu erscheinen, auch da, wo sie es in ihrem Herzen nicht war. Und sie nahm sich vor, auch fernerhin keine Hybris aufkommen zu lassen, klug zu sein und auch im höchsten Glanz der Krone Bescheidenheit zu wahren.

Die Huldigung begann, die Gesandten traten vor. Die Herren aus Wien fehlten, und der Kardinal de' Medici war – natürlich – auch ferngeblieben. Was schadete das? Es waren genug große Herren da, die das Knie vor ihr beugten und die prächtigsten

Geschenke zu ihren Füßen niederlegten. Die kostbarste aller Gaben wurde vom venezianischen Gesandten in Florenz überreicht – im Namen der Serenissima von Venedig –, es war ein wunderbares Diamanthalsband von feinster Arbeit.

Sie hielt es in den Händen und drehte es, daß es das Licht funkelnd fing. „Wie schön", sagte sie. „Verdiene ich eine so kostbare Gabe? Sagt den Herren vom hohen Rat, aus solchen Händen und aus solch erlesener Güte des Gebens wäre mir auch eine einfache Blume willkommen gewesen. Ich danke ihnen und Euch."

Unweit des Thrones standen die Kinder: Francescos Töchter in steifen Brokatkleidern, zwischen ihnen Don Antonio in blauem Samt mit Spitzenkragen. Den Thronfolger Don Filippo hatte man hinaustragen müssen, weil er unaufhörlich schrie. Don Antonio dagegen strahlte über das ganze Gesicht. Als Bianca einmal vorsichtig, das gekrönte Haupt ein wenig drehend, zu den Kindern hinüber blickte, winkte er mit der Patschhand, lachte und rief laut in die feierliche Rede des französischen Gesandten hinein: „Mamina, eia, Mamina!"

Ein unterdrücktes Lachen ging durch die ganze große Versammlung. Bianca aber durchflutete eine plötzlich aufsteigende Welle des Glücks. Sie spürte, wie Francescos Hand unter den Falten der Purpurmäntel die ihre suchte. Der Mann und das Kind – sie fühlte sich wie in einen wärmenden Kreis der Liebe gebannt – was war die Krone dagegen?

XIV

Die letzten Jahre

Jetzt – als Großherzogin – hatte Bianca mehr Möglichkeiten, sich auch offiziell um die politischen Angelegenheiten ihres Landes zu kümmern. Sie tat es mit redlichem Eifer. Während der Zeit ihrer Zurückgezogenheit hatte Francesco alle ihm lästigen Arbeiten der Staatsführung Räten und Sekretären überlassen. Jetzt lag alles im argen: Eine Getreidesteuer war erlassen worden, die zur Verarmung der bäuerlichen Bevölkerung beitrug und Unruhen hervorrief. Auch in der Außenpolitik waren Fehler gemacht worden, so daß das Verhältnis zu mehreren europäischen Höfen getrübt war. Da galt es zu glätten und zurechtzusetzen. Alles vermochte Bianca nicht zu schaffen, der immer mehr einreißenden Mißwirtschaft zu steuern gelang ihr nicht, zumal dieses Übel im Zuge der Zeit lag und in ganz Europa Verwirrung und Korruption zunahmen. Aber ihr diplomatisches Geschick bewährte sich immer wieder, auszugleichen und zu versöhnen verstand sie wie niemand sonst. Sie schrieb Briefe über Briefe und diente mit ihnen dem Vertrauen, das man in das Großherzogtum Toskana setzte. Nebenbei gewann sie mit ihren Briefen einige echte Freunde. Vor allem entwickelte sich eine eifrige Korrespondenz zwischen ihr und Papst Sixtus V. Er schätzte ihre diplomatische Klugheit und ihren Charakter hoch und sandte ihr die goldene Tugendrose als Zeichen seiner Verehrung.

In ihrer Heimatstadt Venedig allerdings war man mit der neuernannten „Tochter der Republik" nicht zufrieden. Bianca lehnte es rundweg ab, die Ränke, die Venedig zu spinnen pflegte, zu unterstützen. Sie arbeitete für Francesco und für die Toskana und für nichts und niemanden sonst.

Biancas Bruder Vittorio war nach der Krönung seiner Schwester in Florenz geblieben. Während ihrer Mädchenzeit war er ihr ganz fremd geblieben, sie hatte ihn kaum je gesehen. Erst jetzt lernte sie ihn kennen. Er war ein gutaussehender Mann, gewandt, klug und von angenehmem Wesen. Bianca war glücklich, endlich einmal ein Mitglied ihrer eigenen Familie bei sich zu haben. Vittorio wohnte im herzoglichen Palast und gewann schnell auch Francescos Vertrauen. Er machte ihn zum Minister und übertrug ihm wichtige Aufgaben.

Doch dann kamen Warnungen von verschiedenen Seiten. Ein Brief Vittorios geriet in die unrechten Hände und wurde Bianca zugespielt. Es stellte sich heraus, daß ihr Bruder von der Signoria von Venedig als Agent in Florenz eingeschleust worden war, er sollte sie und Francesco überwachen und ihren Einsatz für die venezianische Politik fördern; er lieferte der Serenissima allmonatlich Berichte über die politischen Absichten und Vorgänge im Großherzogtum Toskana und hatte sogar ein Dokument aus der großherzoglichen Kanzlei entwendet. Enttäuscht und traurig bat Bianca ihren Gatten, den Bruder vom Hofe zu verweisen, und Vittorio Cappello verschwand auf Nimmerwiedersehen.

Zu repräsentieren verstand Bianca – im Gegensatz zu Francesco – ganz ausgezeichnet. Zwar war sie längst nicht mehr so schlank wie früher, aber da man zur Zeit in Italien gerundete Formen an Frauen schätzte, so tat das dem Ruf ihrer Schönheit keinen Abbruch. Auch ihr Gesicht war voller geworden. Doch zeigte es immer noch etwas von dem mädchenhaften Reiz, der ihm von jeher eigen gewesen war und gewann jeden, der es sah, durch seinen freundlichen Ausdruck. Bianca präsidierte bei Festen und Staatsempfängen stets mit vollendeter Grazie, mit Würde und gewinnender Anmut.

Doch fühlte sie sich, ebenso wie Francesco, nur im Sommer draußen auf der Villa wirklich glücklich, wo sie nicht zu repräsentieren hatte, sondern mit Mann und Kindern ein einfaches Leben führen konnte. Daß die Frau Großherzogin als Glaser- oder Schmiedegeselle in der Werkstatt arbeitete, das ging jetzt freilich nicht mehr an. Aber im Laboratorium ging sie Francesco auch jetzt noch fleißig zur Hand.

Viel Zeit widmete sie den Kindern. Antonio war ihre ganze Freude. Er war immer gesund und munter, und jedermann liebte ihn. Wenn Francesco verreisen mußte, ließ Bianca den Dreijährigen kleine, liebevolle Briefchen an den „Babbo“ schreiben. Sie führte ihm die Hand und formulierte die Sätze, den Inhalt lieferte Antonio selbst. Er war intelligent und reif für sein Alter, ganz im Gegensatz zu Don Filippo, dem Thronfolger, der, körperlich und geistig zurückgeblieben, durchaus nicht gedeihen wollte und von Krankheiten aller Art geplagt war. Bianca sorgte dafür, daß sowohl Ärzte wie die naturheilkundigen Frauen, denen sie ihr Vertrauen schenkte, ihn gut betreuten. Doch das alles war umsonst. Don Filippo starb unter Krämpfen im März 1582 im Alter von fünf Jahren.

Natürlich flüsterte man sogleich in Florenz, die Zauberin, die jetzt Großherzogin war, habe ihn vergiften lassen, um den Weg zum Thron für ihren Wechselbalg freizumachen.

Das Gerücht bekam weitere Nahrung dadurch, daß der Großherzog Don Antonio sofort nach dem Tode Don Filippos legitimierte, dem Sechsjährigen ein eigenes Gut schenkte und spanische Titel für ihn am Hof zu Madrid ergatterte.

Es war klar, daß man das hübsche Kind jetzt als Thronfolger zu betrachten hatte. Das erregte beim Volk außer Kopfschütteln auch ehrliche Freude. Don Antonio war beliebt wie kein Angehöriger des Hauses Medici sonst. Wenn er, prächtig gekleidet, ein keckes Hütchen auf dem Lockenkopf, begleitet von Hofmeistern und Lehrern und gefolgt von zwei Schweizern der Leibwache mit ihren Hellebarden, durch die Straßen von Florenz ging, liefen die Leute zusammen und begrüßten ihn mit herzlichen Zurufen. Es war seltsam: Alle wußten sie, daß es ein „Wechselbalg“ war, dem sie huldigten, aber alle gönnten sie dem fröhlichen Jungen sein Glück. Gerade die Armen sahen in diesem märchenhaften Aufstieg vom Sohn einer Dienstmagd zum Prinzen etwas wie eine Verheißung: Auch der Ärmste konnte das höchste Ziel erreichen; wenn man nur Glück hatte, regnete es Reichtümer und Ehren auf einen herab, ohne daß man etwas dazuzutun brauchte.

Don Antonio grüßte und winkte nach allen Seiten. Wenn das Wort „Wechselbalg" an sein Ohr drang – und das geschah hie und da –, so schüttelte er sich vor Lachen wie über einen guten Witz. Die Gassenjungen liefen rechts und links mit und riefen: „Don Antonio, komm mit uns! Komm spielen, Don Antonio."

Dann kniff Don Antonio ein Auge zu, wiegte drollig bekümmert den Kopf und zeigte mit dem Daumen nach rückwärts, wo strengen Gesichts sein Hofmeister ging. Das sollte heißen: „Ich möchte wohl, aber der da will's nicht leiden."

Die Gassenjungen johlten: „Reiß einfach aus! Gib ihm eins auf die Nase, dem Langen!" – „Kann nicht, kann nicht", gab Antonio zu verstehen. Dann aber wandte er sich zu dem Gestrengen um und brachte ihn zum Lächeln, indem er freundlich versicherte: „Keine Angst, ich tu's schon nicht."

Seine Lehrer lobten den Jungen, er lernte leicht und gern. Besonders pries ihn sein Fechtlehrer, er sagte, es sei eine Freude zu sehen, mit welcher Eleganz der kleine Kerl bereits den Degen – einen Kinderdegen natürlich – führe.

Als das Großherzogspaar einmal zu Schiff von Genua nach Livorno fuhr, um die dortigen, im Bau befindlichen Hafenanlagen zu besichtigen, kroch Antonio während der Fahrt begeistert im ganzen

Schiff herum, ließ sich von der erfreuten Mannschaft alles erklären und Schauder erregende Geschichten über Seeungeheuer und die Grausamkeit der wilden Seeräuber von der Berberküste erzählen. Mit glühenden Wangen kam er schließlich zu Francesco und Bianca zurück und rief: „Jetzt weiß ich, was ich werden will. Ich werde Seekapitän."

Francesco zog ihn an sich. „Du wirst Großherzog, mein Sohn, und mein Nachfolger", sagte er.

„Nein", rief Don Antonio, „nein, ich werde Schiffskapitän, und dann schlage ich alle Seeräuber tot." Und er lachte schallend vor Freude über diese Zukunftsaussicht.

Am Hof allerdings flüsterte man, der reizende Wechselbalg werde wohl nicht immer soviel Grund zum Lachen behalten. Sollte Don Francesco etwas zustoßen... Er war jetzt oft krank. Der Kardinal, der sich selbstverständlich als Thronfolger sah, werde wohl kurzen Prozeß mit dem kleinen Eindringling und seiner angeblichen Mutter machen... War überhaupt ein Testament vorhanden? Niemand wußte es.

Das Verhältnis zwischen den Brüdern war seit Biancas Erhebung zur Großherzogin äußerst gespannt. Zunächst bombardierten sie einander mit zornigen Briefen. Der Kardinal erklärte, er werde Florenz zu Lebzeiten der Frau Großherzogin nicht mehr betreten, und Francesco antwortete, daran tue er gut, denn er werde ihn hinauswerfen lassen, wenn er sich erkühne, noch einen Fuß auf toskanischen Boden zu setzen.

Einige Anhänger Biancas, unter ihnen der Bischof Abbioso, glaubten in Biancas Sinn zu handeln, wenn sie den Streit noch schürten. Bianca selbst aber, die sah, daß der Bruderzwist Rückwirkungen bei den anderen Höfen Europas hatte, versuchte zu vermitteln, zunächst ohne Erfolg. Dann aber gelang es ihr mit Hilfe des Papstes doch, beide Parteien etwas friedlicher zu stimmen. Francesco nahm das Wort vom Hinauswerfen zurück, und Ferdinando kam zur Hochzeit seiner Halbschwester Virginia, der Tochter Herzog Cosimos und der Camilla Martelli nach Florenz. Doch weigerte er sich zunächst, in den Palazzo ducale zu kommen, und als er es dann doch tat, verhielt sich Francesco so kalt und ablehnend, daß der Kardinal sofort wieder nach Rom abreiste.

Bianca seufzte. Der Streit war um ihretwillen entbrannt, sie fühlte sich verpflichtet, ihn zu schlichten. Sie hörte nicht auf, Francesco zuzureden und dem Kardinal freundliche Briefe zu schreiben.

Im Herbst 1586 – Bianca ging jetzt in ihr einundvierzigstes Jahr – verbreitete sich am Hof und in der Stadt das Gerücht, die Frau Großherzogin sei nun tatsächlich gesegneten Leibes. Bianca dementierte das Gerücht zunächst, konnte aber nicht verhindern, daß die beiden Leibärzte, die sie untersuchten, einhellig feststellten, daß sie in der Tat schwanger sei. Diesmal stimmten alle Anzeichen, vor allem das wichtigste: die Periode blieb aus und stellte sich auch nicht wieder ein. Ihr Leib begann aufs neue zu schwellen, aber die Wassersucht könne diesmal nicht die Ursache sein, behaupteten die Ärzte.

Bianca selbst schwankte zwischen Hoffnung und Unglauben. Sollte es möglich sein, daß nach allem Vorhergegangenen Francescos Wünsche doch noch Erfüllung finden konnten? Es schien ihr unwahrscheinlich, aber wer konnte denn wissen, was Gott in seiner Güte ihr endlich zu schenken trachtete?

Sie schwieg Francesco gegenüber, aber dieser hörte von dem Gerücht und befragte die Ärzte. Überglücklich hörte er die frohe Botschaft, die sie ihm verkündeten. Trotz seiner Liebe zu Antonio bewegte ihn die Hoffnung, von Bianca einen echten eigenen Sohn zu empfangen, tief. Bianca tat es weh, seine Freude zu sehen, sie fürchtete jetzt eine neue Enttäuschung, zumal ein dritter, von ihr zugezogener Arzt bündig erklärt hatte, sie sei nicht schwanger, sondern sie habe ein schweres inneres Leiden, das die Anzeichen einer Schwangerschaft vortäusche. Das mochte sie allerdings auch nicht glauben, obwohl sie seit einigen Wochen wieder von Leibschmerzen und anderen Übeln heimgesucht wurde.

In dieser Zeit erschien unvermutet Don Pietro, Francescos jüngster Bruder, am Hof von Florenz. Er diente jetzt dem spanischen König als Feldhauptmann und erklärte, seinen Urlaub in der Heimat verbringen zu wollen. Francesco war nicht erbaut über diesen Besuch. Aber Don Pietro war sein Bruder, er mochte ihn nicht vor den Kopf stoßen. Über seine Rolle bei dem plötzlichen Tod seiner jungen Frau hatte man den Mantel des Stillschweigens gebreitet und tat, als glaube man seiner immer wiederholten Erklärung, seine Gattin sei am Schlagfluß verschieden.

Bianca konnte den seltsamen Menschen mit dem unsteten Blick und der düsteren spanischen Kleidung durchaus nicht leiden und versuchte ihm auszuweichen. Don Pietro aber schien sich unwiderstehlich von ihr angezogen zu fühlen, er tauchte überall auf, wo sie sich zeigte, folgte ihr auf Schritt und Tritt wie ein Hund und wurde ihr dadurch überaus lästig. Er sprach wenig, tastete aber immer wieder ihren Leib mit seinen Blicken ab und erkundigte sich allaugenblicks danach, wie sie sich körperlich fühle und ob ihr auch wohl sei. Schließlich begann sie zu begreifen, daß er von irgend jemand, wahrscheinlich dem Kardinal, beauftragt war, herauszufinden, ob ihre Schwangerschaft echt oder erheuchelt sei und möglichst zu verhindern, daß sie wieder wie vor zehn Jahren ein fremdes Kind unterschiebe.

Als Pellegrina, die ihr drittes Kind erwartete, zu Besuch kam, umschnüffelte Don Pietro auch sie und ließ sie fast nicht aus den Augen, offenbar in der Meinung, Bianca werde ihr Kind, wenn es soweit wäre, für das ihre ausgeben.

Bianca hatte nicht die geringste Absicht oder Lust, das gewagte Spiel von damals noch einmal zu spielen. Sie bat Francesco den lästigen Aufpasser wegzuschicken. Don Pietros Urlaub neigte sich sowieso seinem Ende zu. So bat ihn Francesco höflich, doch ja die Gelegenheit einer im Hafen von Genua abfahrbereit liegenden Galeere zur Rückkehr nach Spanien wahrzunehmen.

Da erklärte Don Pietro mit Ärger in der Stimme: Aber er habe doch den Auftrag, seine Dienste der

Frau Großherzogin bis zur Entbindung zu widmen, einerlei ob den Hoheiten das nun gefalle oder nicht.

„Auftrag von wem?“ fragte Francesco scharf.

„Von wem wohl? Von unserem Bruder, seiner Eminenz in Rom natürlich“, war die mürrische Antwort.

Da schaltete sich Bianca ein. Sie sagte liebenswürdig. „Ich bin dem Herrn Kardinal außerordentlich dankbar für seine gütige Anteilnahme an meinem Wohl und Wehe. Aber Ihr könnt ruhig reisen, Don Pietro. Euer Auftrag ist erfüllt. Ich vermute, daß es sich bei mir gar nicht um eine Schwangerschaft handelt, was mir der Arzt Verani auch bestätigt hat. Übrigens werde ich seiner Eminenz selbst Bericht über meinen körperlichen Zustand geben.“

„Na, dann ist's ja gut“, sagte Don Pietro aufatmend und reiste noch am gleichen Tage ab.

Bianca aber schrieb an den Kardinal: „Ich bin tief gerührt über Eure Fürsorge. Nicht, daß mir Euer Wohlwollen etwas Neues wäre, weiß ich doch, wie innig ihr diesem Hause einen Erben wünscht und insbesondere einen aus meinem Blut. Sollte, wie ich Grund habe zu fürchten, die frohe Hoffnung trügen, so wäre es mein größter Kummer, daran zu denken, welch eine Enttäuschung ich Eurer Herrlichkeit damit bereite.“

Diesen Brief zerknüllte der Kardinal zornig in der Hand. „Die Hexe macht sich wahrhaftig noch über mich lustig“, knurrte er.

Im März des Jahres 1587 wurden alle Hoffnungen auf das Erscheinen einens echten Erben endgültig aufgegeben. Die Ärzte selbst teilten dem enttäuschten und betrübten Großherzog mit, daß es eben doch die Wassersucht gewesen sei, die sie in die Irre geführt habe. Bianca lächelte und sagte: „Ich habe ihr Gerede nie ganz ernst genommen. Es wäre schön gewesen, Lieber, aber wir müssen uns fügen, es soll nun einmal nicht sein."

„Wir haben Don Antonio", damit tröstete sich nun auch der Großherzog.

Bianca unterrichtete selbst den Kardinal über das Scheitern aller Hoffnungen. Sie schrieb auch weiterhin Brief auf Brief nach Rom, ohne malizösen Spott jetzt, im Gegenteil offen und herzlich, als plaudere sie mit einem guten Freund. Sie hatte es sich in den Kopf gesetzt, diesen Hader aus der Welt zu schaffen, und schließlich gelang es ihr, der Kardinal lenkte ein, auch Francesco gab endlich nach. Bianca bat den Erzbischof von Florenz, der großen Einfluß auf Francesco hatte, diesem vor Augen zu halten, wieviel der Kardinal doch für das Ansehen des Hauses tue – schon allein durch seine Kunstliebe und seinen echt medicäischen Sammeleifer. Hier trafen sich ja die Interessen der Brüder, Francescos Ärger schmolz, er bat Bianca, den Kardinal nach Florenz einzuladen. Sie schickte die Friedensbotschaft nach Rom, eine ansehnliche Geldsumme begleitete sie. Der Kardinal, der soeben eine wundervolle griechische Venusstatue erworben hatte und tief in Schulden steckte, antwortete dankbar und sagte seinen Besuch für Mitte September an.

Papst Sixtus erklärte Biancas Friedenswerk für ein diplomatisches Meisterstück und versprach, sie zu unterstützen, indem er dem Kardinal auch weiterhin

Basilica von San Lorenzo,
Florenz

die guten Gesinnungen des großherzoglichen Paares vor Augen führen werde.

Bianca war erfreut. Aber sie traute trotz allem dem Frieden nicht. Sie wußte, allein das Dasein Don Antonios würde den Kardinal immer wieder zum Ärger reizen. Sie beschloß, daß der Junge während Ferdinandos Besuch nicht in Erscheinung treten solle.

Der Großherzog war in den letzten Jahren mehrfach ernstlich krank gewesen. Zweimal hatte man sogar für sein Leben gefürchtet. Bianca war sehr in Unruhe um ihn gewesen, aber sie sorgte sich gleichzeitig auch um die eigene Zukunft und die Antonios. Das Schicksal der Camilla Martelli stand ihr warnend vor Augen. Sie besuchte die Unglückliche noch immer treulich in ihrem Kloster und versuchte, sie durch heitere Gespräche und kleine Geschenke über ihr Los, mit dem sie sich noch immer nicht abgefunden hatte, zu trösten. Was aber würde der Kardinal mit ihr selbst und dem Kind tun, wenn er die Macht in Florenz in die Hand bekam?

Sie schrieb an Papst Sixtus, sie fürchte, daß ihre Person in Gefahr sei, sollte dem Großherzog je etwas Ernstliches zustoßen. Der Papst antwortete, er werde stets über ihrer Sicherheit wachen, und, komme es zum Schlimmsten, sie zu sich nach Rom holen lassen.

XV

Das Ende

Vorerst aber schien sich nun alles zum Besten gewendet zu haben. Die heißesten Monate des Sommers hatte man in Pratolino verbracht, Francesco hatte sich wohl gefühlt, und wenn Bianca Schmerzen oder Sorgen plagten, so redete sie nicht davon. Da in Pratolino Bauarbeiten vorgenommen wurden, kehrte der Hof in die Stadt zurück, um dann Mitte September nach Poggio a Caiano überzusiedeln. Im Herbst war es dort in den weiten Gärten und den Waldgebieten am Ufer des Ombrone schön zu leben. Die Villa, die Lorenzo il Magnifico gebaut und Herzog Cosimo renoviert hatte, bot alle Bequemlichkeiten, Raum für viele Menschen und herrliche Säle für die Festlichkeiten. Hier wollte das Großherzogspaar den Kardinal empfangen. Bianca plante für die Feier des Friedensschlusses zwischen den Brüdern erlesene Festlichkeiten. Der Kardinal stand in dem Ruf, die schönsten Feste zu geben, die Rom je gesehen hatte. Bianca wollte ihn übertreffen. Die Vorbereitungen leitete sie selbst.

Kardinal Ferdinando traf in Florenz ein. Francesco empfing ihn herzlich, eine freundschaftliche Aussprache zwischen den Brüdern schien alle Differenzen zu bereinigen. Schon am nächsten Tag wurde der Kardinal durch Francesco und den Erzbischof von Florenz nach Poggio a Caiano hinausgeleitet.

Dort empfing ihn Bianca mit ihrem strahlendsten Lächeln. Der jüngere Mann, der sie lange nicht gesehen hatte, staunte darüber, wie stark immer noch der Zauber war, der von der Einundvierzigjährigen ausging. ‚Wahrhaftig, ich verstehe meinen Bruder, obwohl ich oft über ihn gelacht habe', dachte er. Trotz ihrer Leibesfülle war Bianca schön in ihrem kostbaren, aber betont schlichten Kleid, dem reichen, aber geschmackvoll angeordneten Schmuck, dem zarten Rouge auf den Wangen, dem schönen Haar, dessen Gold sie zur Feier dieses Tages etwas aufgeholfen hatte und dem klaren, freundlichen Blick der dunkelblauen Augen. Es war unmöglich, ihr zu widerstehen, und der Kardinal beugte sich, Komplimente murmelnd, wieder einmal bezwungen über Biancas Hand.

Es folgten Tage ungetrübter Freude. Bianca bewährte sich als vorzügliche Gastgeberin. Die Banketts boten köstliche Speisen und Getränke, die Musik, die die Abende verschönte, erklang zart, lieblich und kunstvoll. Man plauderte auf der Terrasse des Schlosses, während die letzten Sonnenstrahlen die weite toskanische Landschaft übergoldeten, man durchstreifte zu Pferde die Wälder und weinbestandenen Hügel, jagte in den Flußauen, und im Park führten junge Burschen und Mädchen in den hübschen Trachten der Gegend Volkstänze vor. In einem kleinen Gartentheater am Ufer des Ombrone wurde das Spiel von der Nymphe Ambra aufgeführt, die hier gelebt haben sollte und die schon Lorenzo il Magnifico besungen hatte.

So ging es zwei Wochen lang. Am 5. Oktober lagerte man nach der Jagd unter den Bäumen am Flußufer. Musikanten spielten, und Speisen und Becher mit Wein wurden herumgereicht. Bianca ging umher und sorgte dafür, daß alle gut bedient wurden.

Francesco lag etwas abseits von den anderen Herren und Damen auf den Boden hingestreckt. Bianca wollte zu ihm gehen, blieb aber erschrocken stehen. Er hatte den Kopf etwas zur Seite gelegt und die Augen geschlossen. Schlief er? Sein Gesicht war grauweiß, und plötzlich dachte sie: ‚Wie alt er aussieht – daß mir das bisher nie aufgefallen ist...' Sie trat näher und sah nun, daß ein Zittern wie in Wellen durch seinen Körper lief. Sie beugte sich über ihn: „Mein lieber Herr, was ist mit Euch?"

Er öffnete die Augen. „Nichts. Was soll sein? Ich bin ein wenig müde, wir sind scharf hinter dem Wild her gewesen."

„Mir scheint aber, daß Ihr krank seid. Laßt Euch nach Hause bringen", flüsterte sie leise, damit die Gesellschaft nicht aufmerksam wurde.

Er schüttelte unwillig den Kopf. „Ich bin nicht krank. Was soll die übertriebene Besorgnis?"

„Es ist jedenfalls nicht gut für Eure Gesundheit, hier auf dem feuchten Sumpfboden zu liegen. Kommt zu den anderen herüber, bitte."

Als schließlich, während er sich an der Unterhaltung der Jagdgesellschaft beteiligte, wieder Farbe in sein Gesicht kam, schalt sich Bianca selbst dafür aus, daß sie sich so leicht hatte erschrecken lassen.

Doch am nächsten Morgen klagte Francesco über Mattigkeit und starke Kopfschmerzen. Sie bat ihn inständig, sich hinzulegen, aber er wies das weit von sich. „Es ist nichts – eine kleine Unpäßlichkeit, sprecht nicht mit den anderen darüber…“

Zwei Tage lang hielt er sich noch aufrecht und versuchte zu tun, als fehle ihm nichts. Bianca sah wohl, daß er Fieber hatte, aber sie konnte ihn nicht bewegen, im Bett zu bleiben. Endlich am dritten Tag mußte er sich legen. Die Ärzte stellten hohes Fieber und allgemeine Schwäche fest, ohne die Krankheit genauer diagnostizieren zu können.

Bianca pflegte den Gatten, wie sie es auch bei seinen früheren Krankheiten getan hatte. Sie wich kaum von seinem Bett. Er klagte über innere Hitze und Schmerzen im Leib und in den Gliedern. Sie reichte ihm kühlende Getränke und rieb seinen Körper mit Essenzen ein. Sie überredete ihn auch, die Mittel einzunehmen, die die Ärzte ihm verschrieben, obwohl er diese zunächst heftig ablehnte.

Daß sie selbst sich nicht wohlfühlte, unterdrückte sie nach ihrer Gewohnheit. Nach einigen Tagen wußte sie, daß sie ebenso krank war wie Francesco, ihre Glieder waren wie mit Blei gefüllt, Kopf und Leib schmerzten, sie glühte und zitterte gleichzeitig vor Kälte. Aber mit ihrer großen Willensstärke zwang sie sich dazu, sich nichts anmerken zu lassen, zu lächeln und ihrem Kranken über die Stirn zu streichen: „Geduld, mein lieber Herr, es wird bald wieder aufwärts gehen.“

Doch an einem Morgen, als sie aus ihrem Zimmer zu dem Francescos hinüber gehen wollte, schwankte sie plötzlich und brach vor der Schwelle zusammen. Die erschrockenen Kammerfrauen hoben sie auf, kleideten sie aus und legten sie ins Bett, dort lag sie dann fiebernd und nach Atem ringend.

Pellegrina war mit ihrem Gatten zu den Festlichkeiten nach Poggio a Caiano gekommen. Sie übernahm die Pflege ihrer Mutter, zusammen mit den Kammerfrauen.

Dem Großherzog hatte man gesagt, seine Gattin sei ein wenig unpäßlich und habe sich legen müssen. Zunächst etwas ungehalten, dann in steigender Sorge, fragte er immer wieder nach ihr: „Wie geht es ihr? Warum kommt sie denn nicht zu mir?"

Einmal, als zufällig niemand in ihrem Zimmer war, glitt Bianca aus dem Bett, warf sich mit zitternden Händen ein Morgengewand über und taumelte zur Tür. Es gelang ihr, sie zu öffnen. Als sie bei Francesco eintrat, war ihr Schritt ruhig, sie hielt sich aufrecht, sie lächelte sogar. Sie beugte sich über den stöhnenden Kranken. „Aber mein Lieber, ich bin ja da. Seid ganz ruhig. Ich bin nur ein wenig krank. Aber morgen werde ich wieder den ganzen Tag bei Euch sein, sorgt Euch doch nicht."

Er umkrampfte ihre Hand. „Bleib da. Gib mir zu trinken!"

Sie reichte ihm den Becher, aber ihre Hand zitterte so sehr, daß der Inhalt auf den Boden spritzte. „Ach, wie dumm ich bin", murmelte sie.

Da kam Pellegrina herein. „Frau Mutter, wir

suchen Euch, was tut Ihr denn? Ihr sollt doch nicht... Euer Ganden, Herr Großherzog, sie ist krank, sie darf das Bett nicht verlassen." Sie umschlang die Mutter, die halb ohnmächtig an der Wand lehnte, und schleppte sie in ihr Zimmer zurück. Von da an blieb stets eine der Kammerfrauen im Zimmer der Großherzogin.

Als Bianca im Bett lag und wieder sprechen konnte, sagte sie mühsam: „Geh du hinüber zu ihm. Pflege ihn, wie ich es täte, wenn ich's könnte. Streich ihm über die Stirn. Bring ihn dazu, seine Medizin zu nehmen und etwas Kräftigendes zu essen. Die Ärzte und Pfleger bringen das nicht fertig. Geh. Ich bin hier in guter Hut, du siehst es."

So pflegte nun Pellegrina den widerspenstigen Kranken. Sie kam manchmal zur Mutter und beschwerte sich: „Er will die Medizinen nicht nehmen, nicht um die Welt. Er hat den Becher zum Fenster hinausgeworfen. Er sagt, die Ärzte wollten ihn mit dem Zeug vergiften. Und essen will er auch nicht. Er sagt, er verbrenne innerlich. Er verlangt nur nach Eis und kalten Getränken. Und ich habe keine Macht über ihn."

Bianca wies Pellegrina an, nach einem Rezept für einen fieberstillenden Tee zu suchen, das sie in ihrer Schatulle verwahrte. Sie hatte es einst von einer jener Frauen erhalten, die Francesco ihre „Quacksalberinnen" zu nennen pflegte. Aber auch den Tee wollte Francesco nicht trinken, da er bitter schmeckte.

Die Festlichkeiten in Poggio a Caiano hatten ein plötzliches Ende genommen. Viele der Gäste waren abgereist, der Kardinal mit seinem Gefolge blieb. Jeden Tag besuchte er seinen Bruder, redete ihm zu, die Gebote der Ärzte zu befolgen und tröstete den Kranken mit freundlichen Worten. Einmal kam er auch zu Bianca – Pellegrina konnte ihn nicht wie alle übrigen Besucher abweisen – und erkundigte sich teilnehmend nach ihrem Befinden. Sie zwang sich zu einem Lächeln, dankte ihm und sagte, es gehe ihr schon besser und morgen oder übermorgen werde sie die Pflege ihres Gatten wieder übernehmen können.

Aber es waren leere Worte, jeder Versuch aufzustehen, endete mit einem Zusammenbruch.

Eine Woche verging, der Zustand des Großherzogs verschlimmerte sich immer mehr. Er stöhnte und schrie, er habe ein Feuer in sich, das ihn verzehre. Der Kardinal befragte den vernünftigsten der Ärzte, und der schüttelte ernst den Kopf. „Wir wissen nicht zu raten und zu helfen. Ich fürchte, es steht so, daß nur ein Wunder seine Hoheit retten könnte."

Man ließ in den Kirchen für den Großherzog beten, aber das Wunder trat nicht ein.

Bianca hörte im Nebenzimmer das Stöhnen. Sie hörte, wie der Kranke immer wieder „Bianca, Bianca" rief, versteckte den Kopf in den Kissen und murmelte verzweifelt: „Ich kann ja nicht, Francesco, ich kann ja nicht."

Sie litt große Schmerzen, aber sie stöhnte und klagte nicht. An Stelle Pellegrinas saß jetzt oftmals der junge Graf Bentivoglio, der seine Schwiegermutter verehrte, an ihrem Lager. Zu ihm sagte sie:

„Wollt Ihr mir versprechen, Euch Don Antonios anzunehmen, wenn – “ sie redete nicht aus und drehte das Gesicht zur Seite.

Ulisses Bentivoglio legte seine Hand auf die ihre: „Ich verspreche es Euch, Pellegrina und ich werden Don Antonio beschützen, was immer geschehen möge.“

Später glaubte Bianca lautes, klagendes Sprechen aus dem Nebenzimmer herüberdringen zu hören. Sie versuchte sich aufzurichten und starrte angstvoll auf die Wand. Da kam Pellegrina herein. „Der Kardinal?“ fragte Bianca atemlos. „Was reden sie?“

„Seine Herrlichkeit spricht sehr freundlich zu unserem Kranken“, antwortete Pellegrina beruhigend.

Drüben im anderen Zimmer saß Francesco, gestützt durch Kissen, aufrecht im Bett. Trotz der Fieberröte wirkte sein Gesicht erschreckend eingefallen und wie zerstört. Er hielt die Hände seines Bruders umkrampft und flehte mit heiserer Stimme: „Ich bitte dich, Ferdinando, ich bitte dich. Achte meinen letzten Willen. Sei gut zu meiner Frau und zu Antonio. Das Kind... Ich bitte dich. Schütze es, hilf ihm und ihr. Sei gut zu Antonio. Achte meinen letzten Willen. Ich bitte dich, Ferdinando, ich bitte dich.“ Er wiederholte es immer wieder, in dieser Stunde fielen die starren Formen, der Bruder bat den Bruder.

Der Kardinal hatte Tränen in den Augen. Er drückte die abgezehrten Hände und sprach beruhigend auf den Kranken ein. „Du kannst ohne Sorge sein", sagte er, „ich werde in allem deinen Wünschen entsprechen."

Bianca, die nicht gewohnt war, sich etwas vorzumachen, war sich nun völlig klar über die Hoffnungslosigkeit auch ihres eigenen Zustandes. Das Fieber war jetzt gewichen, aber sie war so schwach, daß sie nicht einmal mehr den Kopf heben konnte, das Herz schlug langsam und unregelmäßig. Sie bat um den Besuch ihres Beichtvaters, des Kaplans Maranta. Flüsternd legte sie die Beichte ab und empfing die Absolution. Sehr ermattet bat sie dann den Kaplan: „Sagt meinem lieben Herrn, daß ich ihm immer eine treue Gattin war und ihn sehr geliebt habe. Sagt ihn, ich würde auch jetzt bei ihm sein, wenn ich es nur vermöchte." Dabei zerbrach zum ersten Mal ihre Selbstbeherrschung, sie weinte, die Tränen liefen ihr über das Gesicht.

Dann aber lag sie still und lauschte nach dem Nebenzimmer hinüber, wo das Stöhnen immer fortdauerte.

Am folgenden Tag gegen Abend ging es in Röcheln über. Und dann – nach einigen Stunden – trat plötzlich eine Stille ein, die wie ein schwerer Stein auf Bianca niederzufallen schien. – ‚Jetzt ist es geschehen', dachte sie.

Vor dem Fenster stand die Nacht. Bianca starrte in das Licht der Kerze, die auf dem Tisch brannte. Es schwamm blaß wie im Nebel vor ihren Augen. Aus der Zimmerecke kam das leise Beten der Kammerfrau. Sonst war nur die große Stille da.

Später kratzte es an der Tür. Der Kardinal ließ sich melden. Er schien in Eile zu sein, sprach ein paar tröstende Worte, er hoffe, es werde ihr bald wieder besser gehen, sie solle nicht verzagen, er wünsche ihr alles Gute…

Sie sah ihn fragend an: „Mein Gatte?“ formten ihre Lippen.

„Oh – es geht ihm zufriedenstellend“, murmelte er mit abgewandtem Blick und verließ schnell das Zimmer.

Nicht lange darauf hörte sie die unverkennbaren Geräusche eines Aufbruches – Stimmen und viele Schritte im Hause, Rufe und Hufegeklapper auf dem Hof. – ‚Jetzt bricht er nach Florenz auf, um die Herrschaft zu übernehmen‘, dachte sie. Sie faltete mühsam die Hände und betete lautlos: „Heilige Mutter Gottes, schütze du das Kind! Ich kann es nicht mehr tun.“

Von den Schlafgemächern im ersten Stock des Hauses führte eine kleine, schönverzierte Treppe hinab in ein selten benutztes Gelaß im Erdgeschoß, auf dieser Treppe knarrten jetzt Schritte, die sich vorsichtig abwärts bewegten. Ein Poltern gab es, und Bianca hörte deutlich die Stimme eines der Ärzte, die gedämpft: „Achtung, laßt die Bahre nicht fallen“, rief. – ‚Jetzt tragen sie ihn hinunter‘, dachte sie.

Sie wandte den Blick zu Pellegrina, die jetzt wieder – mit verweinten Augen – neben dem Bett saß. „Macht mir doch nichts vor“, hauchte sie, „er ist tot.“

Pellegrina nickte stumm.

Bianca seufzte tief. Dann sagte sie mit kräftigerer Stimme: „Also ist es gut, daß ich mit meinem lieben

Herrn zugleich sterben darf." Sie streckte sich wie entspannt aus und schloß die Augen.

Danach sprach sie nichts mehr.

Bianca Cappello starb am Morgen des 20. Oktober 1587, elf Stunden nach dem Hinscheiden des Großherzogs, in den Armen ihrer Tochter Pellegrina.

Nachwort

„Zauberin“ soll Großherzog Francesco de’ Medici einmal seine Liebste und spätere Gattin genannt haben. Daher soll der Ruf der Bianca Cappello als zauberkundige Hexe stammen. Aber die Gerüchte und Schmähreden über sie tauchten schon gleich nach Bekanntwerden ihrer Verbindung mit dem damaligen Prinzregenten auf. Die Florentiner liebten die Venezianer nicht, und schon die Tatsache, daß Bianca aus Venedig stammte, ließ sie den Florentinern unheimlich und gefährlich erscheinen. Die große Macht, die sie bis zu ihrem Tode über Francesco de’ Medici ausübte, seine „Verblendung“ ihr gegenüber, konnten, so dachte man, nur durch Zauberei und Hexenkünste bewirkt worden sein. Dazu kam ihre für die damalige Zeit – und zumal bei einer Frau – unbegreifliche Vorliebe für physikalische Experimente, Mechanismen und mathematische Rechenspiele. Und die gehässigen Verleumdungen, die die Anhänger ihrer Nebenbuhlerin Johanna von Österreich ausstreuten, vollendeten die Verzerrung des Bildes. Während ihre Freunde und die unbefangenen Beobachter ihre Schönheit, den besonderen Liebreiz ihres Äußeren wie ihrer Unterhaltung, ihren scharfen Verstand, ihre diplomatische Geschicklichkeit und kluge Zurückhaltung rühmten, dichteten ihr die Gegner wie das auf das Sensationelle und Unheimliche erpichte Volk alle nur denkbaren Verbrechen, Giftmorde und durch Zauberkünste bewirkte Schandtaten an.

Einige dieser Schauergeschichten sind in die Literatur eingegangen, und manche von ihnen wurden bis in unsere Zeit hinein in Florenz erzählt. Isolde Kurz schrieb zu Beginn dieses Jahrhunderts in „Die Stadt des Lebens": „Diese Erfindungen haben die Gestalt der Bianca Cappello auch für die Nachwelt mit dem dämonischen Nimbus umgeben, in dem sie ihren Untertanen zu Lebzeiten erschienen ist."

Vor allem der Tod des Großherzogpaares hat zu Legendenbildungen Anlaß gegeben. Obwohl sehr genaue Augenzeugenberichte über Krankheit und Ende sowohl des Großherzogs wie Biancas vorliegen, gilt ihr Tod doch nach wie vor als „rätselhaft." In dem 1968 bei Dumont-Schauberg erschienenen Buch von My Heilmann „Florenz und die Medici" steht unter dem Jugendbild des Francesco Medici „folgte dem Vater als Großherzog und wurde vergiftet." Besichtigt man die schöne Villa Poggio a Caiano bei Florenz, so weiß der Führer auch heute noch Unheimliches von Mord und Gift zu erzählen.

Da soll zum Beispiel Bianca dem Kardinal eine selbstgebackene, natürlich vergiftete Torte vorgesetzt, dieser aber, durch einen giftanzeigenden Ring gewarnt, sie abgelehnt, der Großherzog aber aus Versehen ein Stück der Torte gegessen haben – worauf Bianca aus Verzweiflung sich ebenfalls ein Stück einverleibte... Und so weiter.

Aber auch den Kardinal hat die Fama belastet. Sein Koch soll seinen beiden Gastgebern Gift in die Speisen gemischt haben. Eine andere Version läßt ihn nur Bianca allein ermorden: Nach dem Tod des Großherzogs soll einer der Diener des Kardinals bei Bianca eingedrungen sein und ihr mit gezücktem Dolch ein Fläschchen Gift aufgezwungen haben.

Daß Kardinal Ferdinando verdächtigt werden würde, Bianca aus dem Weg geräumt zu haben, kann nicht erstaunen. Wohl um einem solchen Verdacht entgegenzutreten, ließ er sofort nach ihrem Tod bei beiden Verstorbenen eine Leichenöffnung vor Zeugen vornehmen. Die Ärzte erklärten, bei beiden Gatten seien gleichermaßen mehrere Organe stark angegriffen gewesen. Doch genügte diese Aussage kaum, den Kardinal zu entlasten, zumal behauptet wurde, die Ärzte seien von ihm bezahlt worden, falsche Aussagen zu machen. Man kannte Ferdinandos Abneigung gegen die Schwägerin, die ja auch durchaus verständlich ist. Er betrachtete Bianca als einen unwürdigen Eindringling in das Haus Medici, dessen Größe und Ehre ihm überaus viel bedeuteten. Und in dem Wechselbalg Antonio mußte er eine ständige Bedrohung seines rechtmäßigen Anspruchs auf die Thronfolge sehen.

Dennoch ist es unwahrscheinlich, daß er zu dem extremen Mittel des Mordes gegriffen haben sollte. Abgesehen davon, daß er sich trotz allem immer wieder von Bianca einfangen ließ und daß soeben erst Frieden geschlossen worden war, hat er sich ja unmittelbar nach dem Tod des Großherzogs eher rücksichtsvoll als gehässig Bianca gegenüber verhalten. Isolde Kurz sagt von ihm, er habe „von allen Großherzögen aus dem Hause Medici den reinsten Namen hinterlassen". Er hat sich während seiner ganzen Regierungszeit als gewissenhafter Mensch und Regent gezeigt, der die unter Francesco I. eingerissene Mißwirtschaft beseitigte und den Wohlstand des Landes hob und förderte. Er legte seine Würde als Kardinal ab, was damals ohne weiteres möglich war, heiratete und wurde Stammvater aller späteren Großherzöge der Toskana. Daß dieser Mann sich dazu hätte hinreißen lassen, Bruder und Schwägerin zu ermorden, kann kaum angenommen werden.

Zunächst allerdings flammte sein Zorn gegen Bianca nochmals mächtig auf. Francesco hatte ihm bei ihrem letzten Gespräch die Schlüssel zur Schatzkammer und zu seiner Geheimschatulle ausgehändigt. Als er – noch in der Nacht zum 20. Oktober – in den herzoglichen Palast in Florenz eingezogen war und Francescos Schreibtisch öffnete, fand er dort ein Testament, das kurz nach dem Tode des Thronfolgers Filippo ausgefertigt worden war und das Don Antonio zum Thronfolger und Universalerben und Bianca bis zu der Mündigkeit des Knaben als Regentin einsetzte. „Das ist ihr Werk", soll Ferdinando wütend ausgerufen und das Testament auf den Schreibtisch geschleudert haben. Er erklärte es sofort für ungültig und protestierte in einem Erlaß öffentlich gegen den „verübten Betrug".

Biancas Leiche war mit feierlichem Gepränge neben der des Großherzogs in der Kapelle von San Lorenzo aufgebahrt worden. Dann ordnete der neue Großherzog prachtvolle Beisetzungsfeierlichkeiten für seinen Bruder an. Doch als der Architekt Buontalenti ihn fragte, wo denn die Großherzogin zu begraben sei, antwortete er: „Begrabt sie, wo ihr wollt, nur nicht bei den Unsrigen, da hat sie nichts zu suchen."

Eifrige Diener, die glaubten, sich auf diese Weise bei dem neuen Herrn einschmeicheln zu können, nahmen daraufhin Biancas Leiche von dem Katafalk herab und brachten sie in ein Massengrab in den unterirdischen Gewölben unter San Lorenzo. Andere sagen, man habe sie auf dem Uferstreifen am Arno, der so etwas wie einen Schindanger darstellte, verscharrt, aber diese Version hat wenig Wahrscheinlichkeit für sich. Ferdinando ließ Biancas Wappen von den öffentlichen Gebäuden entfernen, Don Antonio wurde verbannt. Seine Lehrer brachten den Elfjährigen nach Bologna, wo er bei Ulisses Bentivoglio und Pellegrina Aufnahme fand.

Aber schon nach kurzer Zeit trat ein Umschwung in der Gesinnung des Großherzogs ein. Sein Zorn war verraucht, wahrscheinlich schämte er sich nun seiner Härte und bedauerte, die Bitten seines sterbenden Bruders mißachtet zu haben. Bianca hatte ein Testament hinterlassen, in dem sie alle, die ihr gedient hatten, mit Legaten bedachte. Der Großherzog sorgte jetzt dafür, daß alle Weisungen des Testaments erfüllt wurden.

Don Antonio wurde aus dem Exil zurückgerufen und in allen seinen Gütern und Titeln bestätigt. Offenbar verfiel jetzt auch Ferdinando dem Zauber des „Glückskindes". Jedenfalls behielt er den Jungen von nun an bei sich und kümmerte sich väterlich um ihn. Wohl um legitime Nachkommenschaft, die einmal Ansprüche stellen könnte, auszuschließen, bestimmte er Antonio für die geistliche Laufbahn. Mit seiner Hilfe kletterte der begabte Junge rasch die Leiter geistlicher Würden und Ehren empor. Don Antonio de' Medici starb 1621 als Großmeister des Ritterordens von San Stefano, der – neben den Maltesern – zu seiner Zeit das Mittelmeer beherrschte, die Türken zurückdrängte und das Seeräuberunwesen gänzlich ausrottete.

Verzeichnis der Bilder:

Inhalt